Le sentiment d'infériorité

*Introduction
à la psychologie d'Adler*

La *Chronique sociale* est à la fois un organisme de formation et de recherche et une maison d'édition. Fondée à Lyon en 1892, elle s'est préoccupée dès ses origines de sensibiliser aux évolutions de la société et de suggérer une organisation de la vie collective plus solidaire et plus respectueuse des personnes.

Actuellement, les ***Éditions de la Chronique sociale*** publient des ouvrages et des jeux pédagogiques qui contribuent à mettre en œuvre ces orientations. Issus de pratiques professionnelles et sociales, ils sont au service de tous ceux qui s'efforcent de mieux comprendre le monde.

Chacun pourra s'approprier ces outils et les utiliser, tant pour son développement personnel que pour une action collective efficace.

Pour plus d'informations :
www.chroniquesociale.com

Couverture : 3M2A, ET

Responsable des Éditions : André Soutrenon

Correction : Christine Hadley-Péronnet

Imprimeur : Présence graphique

Dans un souci de lisibilité, le choix de l'éditeur et de l'équipe de correcteurs a été de ne pas employer la double écriture masculin/féminin mais d'opter pour un masculin générique.

La reproduction partielle et à des fins non commerciales des textes publiés par la "Chronique sociale" est autorisée à la seule condition d'indiquer la source (nom de l'ouvrage, de l'auteur et de l'éditeur), et de nous envoyer un exemplaire de la publication.

Chronique sociale, Lyon, Dépôt légal : 2022

Imprimé en France

Catherine Rager

Le sentiment d'infériorité

*Introduction
à la psychologie d'Adler*

2ᵉ édition

Comprendre
les personnes

l'essentiel

Chronique Sociale — 1, rue Vaubecour - 69002 Lyon
Tél. : 04 78 37 22 12

Nous n'avons pas besoin d'un premier.
Adler, Connaissance de l'Homme

À Madeleine Dreyfus

Le sentiment d'infériorité

Introduction : **Adler ? Connais pas…** **7**
    Références des citations d'Adler 11
    Encadré : Principales étapes dans la vie d'Alfred Adler 12

Chapitre 1 : **Le sentiment d'infériorité et ses conséquences** **15**
    Une organisation précoce 16
    Compenser ou surcompenser ? 17

Chapitre 2 : **Le but fictif idéal** **21**
    Puissance des modèles 23
    Dieu ou Jack l'Éventreur 25

Chapitre 3 : **Tout est dans l'opinion** **29**
    La faiblesse d'organe 31
    Une psychologie de l'utilisation 33
    Le regard des proches 34

Chapitre 4 : **La formation du style de vie** **39**
    Le but fictif, une instance totalitaire 42
    Une psychologie de la finalité 44

Chapitre 5 : **Le tissage du lien social** **47**
    Une nécessité vitale 49
    Enfants handicapés et enfants mal aimés 50
    Les enfants gâtés 52

Chapitre 6 : **Les premières expériences** **55**
    Nous retrouvons ici la métaphore du marteau et des tenailles ! 56
    À six ans, les jeux sont-ils faits ? 58
    La pression éducative 60
    La double injonction 62

Chapitre 7 : **Les rôles familiaux** **65**
    Le métier de parents 67

Chapitre 8 : **Masculin-féminin ou le haut et le bas** **71**
    Désertion du rôle féminin 74
    L'éducation sexuelle à l'école 77
    La vieillesse 79

Chapitre 9 : **La place dans la fratrie** **83**
    L'aîné détrôné 83
    Le cadet 85

    Le benjamin 87
    L'enfant unique 88

Chapitre 10 : L'art de la pédagogie **91**
    Le jardin d'enfants adlérien 92
    L'école expérimentale adlérienne 93
    Méthodes et principes 95
    Les assemblées 96
    Récompenses et punitions 98
    Encadré : Valeur des tests psychométriques 101

Chapitre 11 : L'enfant en difficulté et
                les consultations médicopédagogiques **103**
    Dialogue avec l'enfant 106
    Une philosophie humaniste 108
    Les consultations de parents 108
    Réseau familial, travail pluridisciplinaire 111

Chapitre 12 : Le côté inutile de la Vie **115**
    Des chemins de traverse 116
    Fuite devant le réel 120
    Le scénario inconscient 124
    Jeu avec les symptômes 125
    De la santé à la folie, un continuum 126
    La courbe de Chestnut Lodge 130

Chapitre 13 : L'analyse adlérienne **135**
    La juste distance 137
    Désarmer le patient 139
    Le contrat 140
    Présence de la pédagogie 143
    Encadré : Opinion d'Adler sur l'hypnose 145

Chapitre 14 : L'exploration de la personnalité **147**
    L'inconscient 149
    Les premiers souvenirs 150
    Les rêves 153
    Encadré : Le vocabulaire d'Alfred Adler 160
    Encadré : Adler versus Freud 161

Chapitre 15 : Comment lire Adler ? **163**
    L'héritage adlérien 166

Bibliographie **169**

Introduction

Adler ? Connais pas...

À la question : « Savez-vous qui est Sigmund Freud ? », n'importe lequel de nos contemporains, ou peu s'en faut, s'esclafferait : « Si je le connais ! Freud, le père de la psychanalyse ! Le divan ! Le complexe d'Œdipe ! »
Carl G. Jung, lui aussi, éveille des échos. Lorsqu'il s'agit d'Alfred Adler, en revanche, les propos deviennent évasifs :
– *Un homme politique allemand... non, disons : autrichien...?*
– *Un musicien, je crois...*
– *Oui, bien sûr, c'est un aviateur connu...*
– *De la famille de Laure Adler ? D'Alexandre Adler ?*
– *Un psychiatre, dites-vous ? En effet, cela me rappelle quelque chose...*
– *Ah oui ! un élève de Freud ?* (C'est inexact, mais on se retrouve, du moins, en terrain familier.)

Tel est l'échantillon de réponses que j'ai recueilli dans mon entourage. Notons qu'il existe effectivement plusieurs hommes célèbres du nom d'Adler (sans le prénom) et que l'aviateur, lui, est un certain *Clément Adler*.

On pourrait, pour compléter ce tour d'horizon, renvoyer à un sondage lancé sur Internet : quatorze « psy » célèbres du XXe siècle y sont listés, avec deux questions : *« Quel est d'après vous le plus grand penseur de l'histoire de la psychologie ? »* et *« Quel est le grand penseur de la psychologie que vous affectionnez le plus ? »*[1]

Mille trois cent quatre-vingt-cinq internautes ayant fait leur choix, Freud arrive très largement en tête avec 42,7 % des suffrages, sa cote de popularité redescendant légèrement à 34,4 %. On admire le bonhomme plus qu'on ne l'aime. Carl G. Jung le suit de loin, avec un pourcentage seulement honorable de 13,3%, mais on a beaucoup d'affection pour lui (26,4%). Tous les autres plafonnent entre 3,5 % et 0,1 %, Alfred Adler arrivant avant-dernier avec 0,3% (le bon dernier est Fritz Perls, créateur de la *Gestalt-therapy* avec 0,1%).

La sympathie qu'on éprouve pour Adler le remonte à 0,7% mais ne l'empêche pas d'être également avant-dernier à la seconde question (juste avant William James).

---
1. www.psycho-ressources.com/cgi-bin/voye.pl? name =sondage-psy&action =view LIEN INVALIDE

Ce sondage, dont le protocole reste assez fantaisiste, n'en reflète pas moins une réalité : Sigmund Freud, découvreur acharné, écrivain magnifique, a tant illuminé le XXe siècle qu'il a jeté dans l'ombre d'autres talents, d'autres génies. Et, déjà, lorsqu'on évoque Alfred Adler, c'est le nom de Freud qui vient sous la plume à cause de la rencontre déterminante entre ces deux médecins viennois, grands chercheurs, grands analystes l'un et l'autre, qui ont collaboré pendant plusieurs années avant de suivre chacun son chemin.

Leurs premiers contacts, en 1902, avaient eu lieu dans l'enthousiasme : Freud venait de publier *La Science des Rêves* et se trouvait en butte tant aux railleries qu'au scandale.

Adler, vivement intéressé par l'ouvrage, se porta à la rencontre de l'auteur et lui affirma son soutien, geste qui ne manquait ni de courage, ni de lucidité. Freud, reconnaissant, l'invita à intégrer son cercle de psychanalyse dont Adler devint bientôt le président.

Adler avait été intéressé par la base biologique de la théorie freudienne. Cependant, plus les années passaient, moins il ajoutait foi à certains éléments de cette théorie. Or, pour faire partie du cénacle, il ne fallait pas dévier des règles psychanalytiques, devenues aussi sacrées que des dogmes. De plus, il n'existait guère de sympathie entre les deux hommes.

En 1911, Freud, heurté par les critiques d'Adler, le pria d'exposer sa nouvelle théorie devant les membres de la Société de psychanalyse. Adler s'exécuta en trois conférences qui furent suivies d'un schisme : Freud ne pouvait reconnaître les idées exposées comme faisant partie de la psychanalyse telle qu'il l'enseignait et la pratiquait. Adler quitta donc le cénacle, suivi, on l'ignore souvent, par neuf médecins sur les trente-cinq membres du groupe, presque le quart de l'assistance. Un nouveau courant était né, la *Psychologie Individuelle Comparée*.

Carl G. Jung devait, à son tour, déserter la Société de recherches psychanalytiques en 1913 et sa défection fut encore plus sensible à Freud que celle d'Adler. En effet, des détracteurs avaient qualifié avec mépris son cénacle d'« affaire juive ». Adler était, comme lui, de famille israélite, mais Jung représentait un public aryen susceptible d'élargir la portée de la doctrine.

Le mot *individuelle* signifie à la fois qu'un être humain est différent de tous les autres (d'où les limites de la caractérologie) **et qu'il ne peut être découpé en tranches mais doit être saisi corps et âme dans sa globalité** (le médecin ne s'inquiète pas seulement du symptôme mais de l'état général du malade). Ce concept a depuis fait son chemin ; pourtant, nous n'en avons pas encore saisi toute la portée, car cela signifiait aussi, pour Adler, que la psyché humaine se construit dans une *parfaite cohérence* par rapport à son but inconscient. Si l'on croit y déceler contradictions ou conflits internes, comme le prétend la psychanalyse, ce n'est qu'apparence trompeuse. Lorsqu'il y a conflit, il se joue avec l'extérieur, entre l'individu et son entourage, entre lui et les règles sociales.

Si l'être humain est en soi un tout indivisible, il ne peut pas non plus être envisagé comme une unité séparée de son contexte familial et social. Freud s'était attaché à décrire la relation parentale. Adler la reprit avec ses concepts propres et y ajouta des recherches capitales sur la composition de la fratrie, sur la place de l'enfant parmi ses frères et sœurs (ou sans frères ni sœurs), sur son vécu précoce dans cette mini-société. De plus – et c'est le sens de psychologie **comparée** –, l'individu appartient à une certaine *culture,* et un même comportement n'aura pas la même signification selon telle ou telle culture.

Adler a toujours tenu compte des réalités sociales et économiques vécues par ses patients. Une jeunesse trotskyste lui avait rendu familiers les obstacles à un développement harmonieux : pauvreté, chômage, oppression, dont souffrent les classes populaires mais aussi les handicapés, les femmes, les vieillards, les homosexuels. La psychologie adlérienne est liée à une forme de sociologie. Elle ouvre des perspectives nouvelles, par exemple, sur le statut des femmes ou sur la puberté, cet âge évoqué comme un « sombre mystère » avec un accent excessif sur le fonctionnement des hormones et les ruminations sexuelles ; période, en fait, où l'individu s'acharne, avant tout, de façon positive ou négative, à montrer qu'il n'est plus un enfant.

Adler ne s'est pas contenté d'observations. Dénonçant l'inégalité sociale, la course au profit, le mépris où l'on tient les êtres défavorisés, il a lutté pour une prévention intelligente de l'échec scolaire, de la délinquance *(ne pas venger les erreurs, les expliquer et les écarter),* et pour la paix entre les peuples. Il était sur tous les terrains où il voyait se préparer les haines, les exclusions, les guerres, atroce gaspillage d'énergie et de vies humaines.

> *« Il est difficile, aujourd'hui encore, de chasser de notre esprit la répartition des hommes entre maîtres et serviteurs et de nous sentir tous absolument égaux. Mais la seule acquisition de ce dernier point de vue marque un progrès propre à nous préserver de lourdes erreurs. »* (C.H. p. 222)

Adler dénonce également un modèle de société qui devrait être révolu mais nous hante encore, où le héros, *l'imperator,* le Titan, l'Hercule représentent l'idéal de liberté, alors que ce culte aboutit à l'esclavage ou à l'extermination des plus faibles, le véritable idéal étant la volonté *d'aider celui qui trébuche au lieu de le renverser.*

Plusieurs ouvrages ont été consacrés aux disciples et dissidents de Freud. Adler ne fait partie ni des uns ni des autres. Il ne s'est jamais considéré comme un élève de Freud, mais comme son collègue, jeune collègue, puisqu'il était son cadet de quatorze ans. Il spécifiait également, avec une certaine fierté, qu'il n'avait jamais accepté d'être psychanalysé par le Maître. Dissident, il ne l'est pas non plus, car il a commencé à élaborer sa propre théorie bien avant sa rencontre avec Freud. Tout en saluant l'apport de la « révolution psychanalytique », qui devait transformer notre regard sur l'Homme, il s'est toujours tenu à distance de ses diktats.

Adler s'était opposé, de prime abord, à l'idée que la pulsion sexuelle ou *libido* constitue le moteur de l'évolution humaine. Il trouva infiniment plus intéressant d'y substituer une autre notion, le *sentiment d'infériorité*, inhérent à tout être humain, qui le pousse à se dépasser, tantôt avec efficacité, tantôt dangereusement.

Adler croyait, comme Freud, à *la formation précoce de la personnalité* mais ne partageait pas son pessimisme. Sans être naïf, il pensait que l'être humain peut être éduqué, qu'un éducateur bien formé aidera l'enfant le plus difficile à se socialiser, à tenir compte d'autrui et à acquérir de lui-même une image positive ; que la raison, le bon sens jouent un rôle important dans la conduite de la vie ; et que, dans des cas apparemment désespérés, on a vu plus d'une fois surgir une faculté que possède tout être humain, la *puissance créatrice,* capable de renverser la situation. Il n'y a donc pas de fatalité dans le mal et il est important de faire comprendre à chaque personne, comme à chaque société humaine, qu'elle est *maîtresse de son destin.*

En raison même de cette créativité, de ce caractère imprévisible, Adler se méfiait des lois générales qui font de la causalité un dogme. Déplorant de voir les psychologues de son temps établir des liens automatiques de cause à effet, immuables et identiques pour tous, Adler remarque, non sans humour, que ces psychologues ont reçu une leçon des physiciens eux-mêmes, puisque ceux-ci leur ont « *enlevé le terrain de la causalité pour donner la parole, dans le déroulement des événements, à une probabilité statistique* » (S. V., p. 12).

De toute manière, la causalité, même si elle est justifiée, n'a jamais aidé à résoudre un problème psychologique.

- **Prévenir, guérir :** Adler y a consacré sa vie entière de médecin et de psychologue. Il mourut, en 1937, au cours d'un cycle de conférences à Aberdeen, Écosse.
- **Prévenir :** l'éducation des parents, des professeurs, des travailleurs sociaux était selon lui un préalable à celle des enfants. Contre un système de punitions-récompenses et de compétition qui accroissent les sentiments d'infériorité, d'incapacité et exacerbent l'agressivité, Adler recommandait pour tous cette *école active*, dont les pionniers s'appelaient Maria Montessori, Decroly, Freinet, qui a largement fait ses preuves mais n'a pu s'imposer que de façon fragmentaire et s'épanouit surtout dans des établissements privés.
- **Guérir :** plutôt qu'une cure analytique sur divan, en présence d'un analyste assis et muet, plutôt que la « neutralité bienveillante » du thérapeute, qui apparaît au patient comme de l'indifférence, Adler préco-

nisait les thérapies dites « de face-à-face », car elles ne renforcent pas la notion de hiérarchie. L'analyste y est proche de son patient, amical, tout en gardant la distance technique nécessaire. Parce que le patient est une personne qui a perdu sa foi en lui-même comme en autrui, il importe absolument de *recréer un climat de confiance* qui lui permette d'entendre les paroles de l'analyste.

Adler s'est toujours gardé de la tendance qu'ont les théoriciens à déformer leurs observations pour qu'elles « collent » à leurs principes. Il se voulait aussi libre de préjugés que possible, toujours prêt à remettre ses hypothèses sur le métier. Il pouvait du reste se fier à sa prodigieuse intuition, à cette humanité dont tous les êtres qui l'ont approché ont témoigné. Il observait, soignait, professait, s'efforçait de faire connaître ses recherches aux plus humbles comme aux plus savants. Il était partout où on l'appelait. Il écrivait quand il en trouvait le temps, entre deux consultations, sur le coin d'une table. Ses textes, souvent, en ont souffert.

Si ces écrits ont peu à peu, jusqu'à nos jours, révélé leur richesse, c'est plus encore la personnalité d'Adler qui a frappé ses collaborateurs immédiats. Même si le commentaire de Madelaine Ganz semble aujourd'hui un peu ampoulé, il me paraît juste de le citer, car c'est exactement l'impression qui devait émaner du charisme d'Adler :

> *« Quiconque a pu juger sur place des innombrables succès remportés par ceux et celles qui appliquent les idées du Dr Alfred Adler ne pourra plus se dérober à l'influence du grand psychologue et philanthrope viennois. Quiconque l'a entendu une fois parler à un père ou à une mère désolés, ou à un enfant qui a perdu toute confiance, emportera la conviction qu'une vérité profonde l'habite. Un grand sentiment aussi : l'amour de son prochain. Cette attitude spirituelle, alliée à une connaissance très sûre des hommes, lui permet de saisir d'emblée la souffrance de celui qui vient lui demander de l'aide ou un conseil. Personne n'a jamais frappé vainement chez lui. Sa sympathie, égale pour tous, en fait un véritable ami du peuple. »*[2]

Références des citations d'Adler

E.D. : *L'enfant difficile*
P.T. : *Pratique et théorie de la psychologie individuelle comparée*
S.V. : *Le sens de la Vie*
C.H. : *Connaissance de l'Homme*
T.N. : *Le tempérament nerveux*

---

[2]. Madelaine Ganz, *La psychologie d'Alfred Adler et le développement de l'enfant,* Delachaux et Niestlé, 1935, p. 169.

Principales étapes dans la vie d'Alfred Adler

Naissance, le 7 février 1870, à Pensing, faubourg de Vienne (Autriche). Il est issu d'une famille peu aisée, fils de négociant en grains. Il a un frère aîné, quatre frères et sœurs plus jeunes.

Enfance marquée par la maladie : il est à deux reprises dangereusement malade et voit mourir l'un de ses jeunes frères. Sa vocation de médecin serait issue de ces expériences dramatiques.

Difficultés scolaires en mathématiques. L'instituteur lui conseille le métier de cordonnier, mais il obtient de redoubler grâce à l'insistance de son père et devient le meilleur de sa classe, ce qui alimente sa foi en la motivation plutôt qu'en l'existence, jamais démontrée, de dons spécifiques.

Doctorat en médecine de l'Université de Vienne **(1895).** Il se spécialise en **ophtalmologie** (diplôme en 1897) mais pratique longtemps la médecine générale, ce qui l'amène, selon l'usage du temps, à s'occuper des nerfs, c'est-à-dire à exercer de fait la **psychiatrie.**

Mariage (1897) avec Raïssa Timofejewna Epstein, jeune Russe socialiste, dont il aura quatre enfants. Adler est trotskyste. Il a commencé à élaborer une théorie essentiellement humaniste et optimiste (chacun est maître de créer sa propre vie, quels que soient les obstacles).

Rencontre avec Freud. Il entre dans son cercle en 1902 après avoir défendu *La science des rêves*. Il admire Freud profondément mais critique sa théorie sexuelle des névroses. Leurs idées divergent ; de plus, il y a peu de sympathie entre eux. En 1904, Adler souhaite quitter le cercle, Freud le retient.

Le médecin comme éducateur est publié en 1904. Ce texte sera suivi d'articles sur l'éducation des parents.

L'Étude sur la compensation psychique de l'infériorité des organes est publiée en 1907. C'est une nouvelle approche scientifique de l'humain. Freud désapprouve.

Critique de la thèse sexuelle freudienne de la vie psychique, une série de conférences, est publiée en 1911. Freud ne donne pas de réponse objective mais ne retient plus Adler, qui quitte la Société de recherche psychanalytique avec neuf autres médecins. Freud et lui ne se rencontreront plus. Adler et son groupe élaborent la *Recherche Psychanalytique Libre*, qui deviendra la *Psychologie Individuelle Comparée*.

Mobilisation comme médecin dans l'armée autrichienne, 1914.

Fondation du premier centre de Guidance pour les enfants en 1918. Trente-trois autres suivront à travers le monde.

Enseignement d'Adler chez lui ou à l'invitation de sociétés scientifiques, d'universités étrangères, en particulier d'universités populaires. L'Université de Vienne, occupée par Freud, le rejette.

Connaissance de l'Homme est publié en **1912**. Fondation de la **Société pour la psychologie individuelle comparée.**

Professeur à l'Institut pédagogique de Vienne en **1924**. Les centres d'études adlériennes se multiplient. Sa théorie est reprise et expliquée par des disciples qui fondent jardins d'enfants et écoles expérimentales.

Tournées de conférences aux États-Unis en **1925**.

Chaire de psychologie médicale à la Columbia University de New York en **1927**.

Quatrième édition de *Pratique et théorie de la psychologie individuelle comparée* en **1930**.

Chaire de psychologie au Long Island Medical College de New York en **1932**. En **1934**, il se fixe aux États-Unis, où il poursuit ses tournées de conférences, ainsi qu'en Europe.

Le sens de la Vie, en **1933**, fait le point sur ses recherches. Le *Journal de psychologie individuelle* est fondé en **1935**.

Mort d'Alfred Adler, le 28 mai **1937**, à Aberdeen. Il est foudroyé dans la rue par une attaque cardiaque au cours d'une tournée de conférences qui l'a amené des États-Unis à Paris (où Sartre a suivi sa conférence), à La Haye, en Angleterre, puis en Écosse. Il a soixante-sept ans.

Création d'une chaire de psychologie adlérienne à Vienne en **1946**.

Chapitre 1

Le sentiment d'infériorité et ses conséquences

« *Être Homme signifie posséder un sentiment d'infériorité qui exige constamment une compensation.* » (S.V., p. 53)

Dès son entrée dans la vie, l'être humain tend à l'affirmation de sa personnalité. Il manifeste ses besoins, ses désirs, ses émotions. Il élabore peu à peu des sentiments, des volontés, des pensées. Il tend à progresser, à rendre plus efficace sa relation à autrui. Assoiffé de tendresse et de contacts physiques dès ses premiers moments, il passera ensuite à une quête plus élaborée de reconnaissance, d'approbation, d'amour. **Aucun individu n'accepte, dans quelque société que ce soit, d'être considéré comme sans valeur.**

Ce qui pousse le petit d'homme à se développer, ce qui pousse l'adulte à évoluer sans cesse, ce n'est ni une volonté délibérée, ni le *principe de plaisir* que Freud opposait au *principe de réalité,* signe de maturation. Pour Adler, le moteur des comportements humains n'est pas la recherche de plaisir mais un besoin plus archaïque et plus puissant, le ***besoin de sécurité,*** qui exige la compensation du sentiment initial d'infériorité. Là où Freud pense que l'individu progresse parce que le chemin du retour lui est barré, Adler affirme que la lutte pour le progrès est incluse dans la nature humaine.

« *Il nous faut affirmer que, du point de vue de la nature, l'Homme est un être inférieur, mais cette infériorité qui lui est inhérente, dont il prend conscience en un sentiment de limitation et d'insécurité, agit comme un charme stimulant pour découvrir une voie où réaliser l'adaptation à cette vie.* » (C.H., p. 165)

L'être humain sent sa propre fragilité : il lui manque des organes puissants comme en ont les animaux – cornes, crocs, sabots –, la capacité de voler ou de fuir à une vitesse extrême. Ces manques l'ont obligé à développer des stratégies de défense. Il y est parvenu grâce au développement de son psychisme et, en particulier, de sa faculté de prévision, cependant que la nécessité de vivre en collectivité l'amenait à créer cet « admirable chef-d'œuvre », *le langage.*

Le sentiment d'infériorité existe à des degrés divers chez tout être humain, même s'il n'en est pas conscient. Le philosophe Paul Janet (1823-1899) l'avait pressenti chez les névrosés sous l'appellation de « sentiment d'incomplétude ». Dès que le nourrisson tente d'attraper son propre pied, qui lui échappe, ou qu'il cherche vainement à attirer l'attention pour apaiser sa faim, il fait l'expérience de cette *incomplétude* : à l'évidence, il n'a pas à sa disposition les moyens nécessaires pour assouvir ses désirs, ni même assurer sa propre survie, et, sans en avoir encore une connaissance réfléchie, il ressent fortement ce manque.

La découverte progressive de son *moi* et, face à lui, de ce *toi,* cet autre plus grand et plus fort sans lequel il ne peut survivre, fait naître chez lui un *sentiment de dépendance* et le constat, encore non formulé, de son infériorité physique – lui, si petit et si faible, face à des géants omnipotents. C'est par la comparaison que se construit très tôt le sentiment d'infériorité.

L'enfant va s'acharner à dépasser cet état de faiblesse. Il s'emploiera d'une part à exercer ses propres capacités, d'autre part à apprivoiser les personnes qui l'entourent pour qu'elles suppléent à ses manques. Pour Adler, l'enfance n'est pas, comme pour Freud, un « âge d'or » : l'enfant *souffre* de sa petitesse, de son impuissance et lutte pour les dépasser.

Sentiment d'infériorité (à surmonter) **et désir de puissance** (à assouvir) **constituent les deux pôles du développement humain.**

Une organisation précoce

On observe, dès la première enfance, la tendance à rechercher des positions de sécurité. Le simple désir de survivre l'exige. Le bébé, qui se découvre inapte à la tâche, cherche le chemin qui, d'un sentiment d'infériorité, le mènera à un *sentiment de domination,* atténuant ainsi les tensions internes.

Sa vie est faite de phases d'équilibre, où un certain palier est atteint, suivies de déséquilibres où il prend conscience, souvent fiévreusement, d'une nouvelle étape à franchir, toujours vers le haut.

Nous nous émerveillons de ses rapides progrès. Parfois, nous nous irritons de son outrecuidance ou des expériences dangereuses auxquelles il se livre. Nous nous interrogeons sur le juste milieu entre sa passivité et son audace, entre les soins, la protection que nous lui devons et un asservissement à ses désirs qui lui serait préjudiciable.

Un enfant ne se contente pas de progresser à son rythme, selon ses besoins. Il constate vite que son entourage applaudit à ses progrès, que ses avancées sont une *source de reconnaissance,* qu'elles le placent au centre de l'attention. Il a besoin de ce stimulant. L'enfant qui ne reçoit aucun encouragement aura de grandes difficultés à progresser.

Entouré dès sa naissance d'une collectivité qui a ses propres exigences mais qui lui assure une certaine sécurité, il y répond en aspirant à grandir, à prendre des forces, à meubler sa propre intelligence, parce qu'il en découvre l'intérêt en observant ses aînés.

Mais il arrive aussi que les attentes de l'entourage soient excessives. L'enfant sent alors qu'il ne peut y répondre, qu'il n'est *pas à la hauteur*. Découragé de ne pouvoir satisfaire ses parents ou ses maîtres, il s'attachera à des moyens illusoires pour *prouver* sa valeur, ne serait-ce qu'en évitant d'affronter les épreuves : ce peut être alors la rébellion pour les plus actifs, la maladie pour les plus timorés. Au lieu de compter sur leurs propres forces, ces derniers auront tendance à *utiliser leur faiblesse* pour être protégés, servis, excusés.

Un enfant découragé peut répondre par la révolte : par exemple, il fera l'école buissonnière, ce qui lui permettra d'éviter les échecs scolaires, éventuellement il entraînera des camarades et se donnera le prestige d'être chef de bande ; un autre enfant choisira une soumission passive ou bien la maladie qui le détournera des corvées domestiques et du travail scolaire.

Dès la formation du caractère, Adler reconnaissait ces *deux types d'attitude chez l'enfant* : il y a **ceux qui luttent,** rassemblant toute leur énergie **pour être reconnus** en dépit de leur petite taille et **ceux qui spéculent** sur leur impuissance **pour attirer la compassion** et arriver à leurs fins.

Il distinguait aussi, selon l'ambiance de tel ou tel foyer, les enfants qui développaient un caractère optimiste et ceux qui en arrivaient à concevoir le monde autour d'eux comme une force hostile dont il convenait de se défendre.

Adler souligne que l'optimiste à tous crins peut forcer la dose par des élans d'une agressivité excessive, mais il s'inquiète davantage du pessimiste, de celui qui se sentira toujours attaqué, qui en perdra le sommeil, réagissant par des fuites qu'il prendra à l'occasion pour de nouveaux départs.

Le poids relatif du sentiment d'infériorité et la qualité de la relation qu'offrent les proches agissent sur un élément essentiel : *le courage*. L'enfant difficile, l'écolier en échec, plus tard l'adulte en proie à des problèmes qu'il ne sait comment résoudre sont toujours, selon Adler, des êtres ***découragés.***

Compenser ou surcompenser ?

« La loi fondamentale de la vie est le triomphe sur les difficultés. » (S.V., p. 52)

L'être humain est caractérisé par une ascension irrésistible vers la perfection. Cependant, la voie qui y mène est semée d'embûches.

Il existe en nous une tendance fructueuse à la compensation du sentiment d'infériorité, tendance qui est source de progrès. Mais, si le sentiment d'infériorité devient trop pesant, paralysant, s'il se transforme en *complexe d'infériorité,* l'enfant, plus tard l'adulte, vont abandonner l'axe qui mène à une véritable élévation de la personnalité pour suivre des chemins de traverse. La *surcompensation* du complexe d'infériorité se caractérise par une énorme et inutile dépense d'énergie, destinée à prouver sa propre supériorité plutôt qu'à la réaliser, et par des démarches individualistes qui ne tiennent suffisamment compte ni de la réalité, ni des intérêts d'autrui.

Soit un individu qui veut être reconnu comme le meilleur, le plus intelligent, le plus beau, cela d'autant plus vivement qu'il doute intérieurement de posséder ces qualités : il fera tout et n'importe quoi pour imposer son point de vue, voire pour se persuader lui-même de sa propre excellence. Confronté à des revers, à l'incrédulité ou aux critiques d'autrui, qui ébranleront encore plus sa confiance en lui, il utilisera toutes sortes de détours et de subterfuges pour *apparaître* comme le plus fort, le plus intelligent, le meilleur. Il y dépensera inutilement une somme considérable d'énergie.

Il lui faudra en effet trouver des prétextes pour éviter les situations à risques, utiliser au besoin des symptômes psychosomatiques ; il ne s'investira que dans les domaines où il est sûr de briller. Même s'il y fait preuve d'une hyperactivité épuisante, il s'agit d'un rétrécissement de la personnalité.

La vanité, que l'on observe déjà chez les enfants, est un trait de caractère qui indispose toujours l'entourage. Or, ce qu'il nous faut considérer, c'est *l'envers* de la fatuité. Lorsque nous disons d'une personne qu'elle se vante, qu'elle est vraiment trop satisfaite d'elle-même, il est évident que ces rodomontades ont pour fonction de masquer un doute. Abonder dans le sens du vaniteux, le flatter, risque de le conforter dans son attitude, mais le contrer, le mettre face à ses propres manques ne fera qu'aviver encore son désir de puissance. Le comportement le plus juste consisterait à lui inspirer cette pensée : **« Je n'ai pas besoin de prétendre être supérieur aux autres pour être reconnu et aimé. Tel que je suis, avec mes faiblesses, je peux gagner l'amitié, l'estime, l'amour de ceux qui m'entourent. »**

Il est peu fréquent, du reste, qu'un vaniteux étale sa suffisance, sinon dans une comédie de boulevard ! Il trouvera plus avantageux de jouer les modestes en s'arrangeant pour que cette modestie *saute aux yeux* et lui permette d'être rehaussé par son entourage.

Le *complexe de supériorité* impose à l'individu des mouvements de fuite, des masques, des faux-semblants, le désir latent d'écraser autrui. Adler déplore cette attitude, qu'il étend à la société entière :

> *« C'est là qu'on touche du doigt le principal défaut de la cuirasse, le point faible dans toute notre civilisation. C'est ce qui entraîne tant de déchéances, tant d'existences malheureuses du commencement à la fin ; c'est ce qui fait que tant de gens se trouvent là seulement où frappe l'infortune. Gens qui ne s'accommodent pas des autres, qui ne peuvent eux-mêmes se retrouver dans la vie, parce qu'ils ont d'autres objectifs à atteindre : **paraître plus que ce qu'ils sont**. Aussi entrent-ils*

facilement en conflit avec la réalité, celle-ci ne se souciant pas de la haute opinion que quelqu'un peut avoir de soi-même. » (C.H., p. 165)

Certes, l'ambition, le désir d'ascension, peuvent aboutir, pour l'individu comme pour la communauté, à des progrès, voire à de grandes réalisations, mais il y faut des qualités d'altruisme que ne possède pas le sujet hanté par une réussite purement personnelle. Ce qui le caractérise, c'est « *l'ambition, la vanité, le désir de tout savoir, de discuter de tout, d'être remarqué pour sa force corporelle, pour sa beauté, pour son élégance vestimentaire, d'être le principal membre de la famille, de l'école, de concentrer toute l'attention sur soi, que ce soit par de bonnes ou de mauvaises actions* » (P.T., p. 84). Menacé dans sa suprématie, il développera des conduites égocentriques, possessives, jalouses, qui lui aliéneront son entourage. Il peut aussi manifester des tendances positives, telles que la conscience professionnelle, mais de façon si obsessive, si caricaturale, qu'elles apparaissent comme une véritable condamnation d'autrui.

Adler cite plus particulièrement le « complexe du Sauveur », où le patient cherche sa supériorité en résolvant les problèmes des autres et en se rendant indispensable, le « complexe de la Preuve », où il démontre son droit à l'existence par une recherche de la perfection, le « complexe d'Exclusion » qui permet de supprimer les problèmes en réduisant la sphère d'activité, ou encore le « complexe de Prédestination » qui exalte le sujet dans l'idée que « rien de mal ne peut lui arriver ».

La personne qui a pour seul but de démontrer sa propre supériorité déserte de toute évidence les tâches les plus quotidiennes et les plus utiles. Adler, qui comparait le corps social à l'individu, soulignait que la communauté humaine dans son ensemble, toujours en marche vers le progrès, connaît de ces démissions lors de crises aiguës où elle se détourne du réel, s'exalte et se jette dans les bras d'un dictateur. C'était alors l'époque de la montée au pouvoir d'Hitler...

🔍 Synthèse

- *Tout être humain manifeste, dès ses débuts dans la vie, une tendance à s'élever.*

- *S'il va de l'avant, c'est qu'il ressent un sentiment d'infériorité, d'impuissance, d'insécurité et qu'il cherche à le dépasser. Ce n'est ni la volonté qui le pousse en avant ni le principe de plaisir ; mais un besoin de sécurité qui implique de résoudre un certain nombre de difficultés inhérentes à la vie.*

- *L'enfant a pour modèle des « géants » qu'il tentera d'abord d'apprivoiser, pour qu'ils répondent à ses besoins, puis d'imiter. « Grandir » physiquement et psychiquement, lui apparaît comme une nécessité vitale.*

- *Si une personne ressent trop lourdement le sentiment d'infériorité et si elle n'est pas soutenue dans ses efforts par son entourage, elle est susceptible de se livrer au découragement ou à des conduites de surcompensation nuisibles à son équilibre.*

- *Le complexe de supériorité, effort désespéré pour atteindre la perfection ou du moins en sauver les apparences, rencontre l'hostilité de l'entourage et la sanction de la réalité.*

- *Le sentiment d'être aimé et reconnu avec ses faiblesses rend à l'individu une juste appréciation de sa propre valeur et peut transformer des ambitions individualistes en une collaboration fructueuse.*

Chapitre 2

Le but fictif idéal

Le sentiment d'infériorité, d'insécurité, d'incomplétude propulse le petit d'homme vers une recherche d'affirmation qu'Adler appelle parfois le *sentiment de personnalité*.

Nous l'avons vu, Adler n'adhère pas au concept freudien d'un *principe de plaisir* comme moteur initial. Le plaisir n'est pas le but en soi, il accompagne seulement la réussite, il agit en quelque sorte comme un piment pour encourager l'effort. La joie qu'un enfant manifeste lorsqu'il parvient à se tenir debout, à faire ses premiers pas, à prononcer quelques mots, joie orchestrée par l'entourage, fait partie des incitations à grandir mais n'en est pas la finalité. Inversement, lorsqu'un enfant se retient sur le pot, ce n'est pas, comme le suggère Freud, parce que la rétention des matières lui procure un plaisir sensuel, mais *par défi vis-à-vis de l'adulte,* comme s'il jouait à « qui est le plus fort ».

Qu'il s'agisse de progresser physiquement ou dans sa relation à l'entourage, le petit enfant procède par essais et erreurs, répétant les conduites qui lui ont réussi (à mieux s'amuser, à découvrir le monde, à être aimé, à obtenir une récompense…), évitant celles qui lui ont causé du désagrément (se faire mal, être grondé, mis à l'écart…).

Plus le temps passera, plus il s'y entendra à sélectionner les conduites efficaces, non seulement celles qui lui ont apporté du plaisir, mais celles qui lui ont donné le **sentiment de sa valeur**, lui attirant l'attention, les éloges de l'entourage, et plus il apprendra à abandonner celles qui ne lui procurent aucun succès. On voit souvent le petit enfant, quand il a fait rire ses proches par une remarque naïve, la répéter en s'imaginant qu'elle va produire indéfiniment le même effet.

Il s'agit là d'un réflexe conditionné plutôt que d'un choix délibéré. L'enfant affinera peu à peu sa conduite et quand, vers deux ans, il se comporte comme une petite star pour amuser la galerie, il a déjà en tête certains modèles : le voilà qui singe un présentateur de télévision ou qui danse comme une ballerine.

L'appel de l'enfant de six ou sept ans juché en haut d'un arbre ou grimpant à la corde à nœuds nous est familier : « Maman, regarde ! Regarde-moi ! »

C'est vers trois ans, constate Adler, qu'un modèle idéal commence à se fixer dans l'esprit de l'enfant et que son caractère devient cohérent. Entre trois et six ans, le modèle se précise, il devient une sorte d'aimant invisible, unique, qui imprime la direction à suivre. La vie psychique de l'enfant, puis celle de l'adulte, prennent la forme d'une trajectoire ascendante dont l'orientation ne varie plus.

Adler affirme que, même s'il tâtonne à la recherche de solutions, multipliant les expériences, le petit enfant découvre très vite un **point fixe** vers lequel il oriente toute son énergie. Les différents objectifs visés sont abandonnés ou réunis pour former un seul faisceau. Seul un enfant attardé mental vit au jour le jour sans direction prioritaire. L'enfant intelligent voit s'étendre devant lui un avenir encore mystérieux, mais dont on lui laisse entendre qu'il y trouvera *sécurité* et *puissance*.

Pour jeter un pont entre lui et cet « avenir glorieux », comme l'appelle Adler, il doit tout d'abord s'assurer l'appui et l'amour des adultes. Le voilà occupé, très tôt, à la formation d'un style de vie qui lui permettra d'atteindre son but, même si ce but est encore lointain et imprécis. Sinon, comment pourrait-il s'orienter dans le chaos d'innombrables impressions qui lui viennent de toute part ? Or, nous voyons bien que cet enfant, même très petit, suit une certaine direction. C'est ce qui nous amène à dire qu'il a déjà « son caractère » ou « du caractère ».

> *« Il nous est impossible de penser, sentir, vouloir, agir sans qu'un but fixé donne à cet ensemble une direction voulue, car toutes les causalités sont insuffisantes pour surmonter le chaos de l'avenir et pour annuler son manque d'organisation, dont nous serions les victimes. Toute activité persisterait alors dans un état de tâtonnement imprécis, l'économie de la vie psychique s'épuiserait, dépourvue de toute unité, de toute physionomie, de toute note personnelle, semblable en cela à des êtres inférieurs, des amibes par exemple. Les lois d'une causalité précise régissent uniquement la matière morte; la vie, elle, est un devenir. »* (P.T., p. 19)

Les buts labiles, provisoires, que se fixent inconsciemment les enfants convergent peu à peu vers l'image d'un *but final unique,* qui peut se décliner en objectifs assez simples : se faire remarquer, être premier, être préféré ou, si l'enfant s'est découragé entre-temps, passer inaperçu, être la victime, la Cendrillon, le bouc émissaire. Cette image va dominer leur vie, comme s'ils étaient des personnages dans une création dramatique dont le cinquième acte, avec son dénouement, déterminera toute l'intrigue. Les enfants, très tôt, cachent leur soif de puissance, leur avidité à surpasser les autres, qui leur attireraient des reproches, mais, plus naïfs que les adultes, ils nous en donnent des images transparentes : ils veulent devenir pompier, agent de police, instituteur, médecin, danseuse étoile ou même, comme le déclarait de façon péremptoire une petite fille de six ans, impératrice…, toutes situations qui comportent pouvoir et prestige.

L'adulte vise tout autant à dominer le monde mais il ne l'avoue plus de façon aussi candide. C'est pourquoi le but fictif idéal, malgré la forte aimantation qu'il produit, est relégué dans l'inconscient. Un individu croit agir rationnellement alors qu'il a, d'avance, en secret, tracé son propre chemin. Il nous faut deviner le but fictif d'une personne d'après son comportement, car il n'est jamais spontanément énoncé avec clarté.

> « *Le désir d'être le premier constitue, à un degré plus ou moins prononcé, un trait propre à tous les hommes et est généralement accompagné de penchants combatifs. La lutte pour la vie commence dès la première enfance. [...] Les enfants veulent toujours être les premiers à goûter à certains aliments et boissons et courent devant pour arriver à certains buts. [...] Beaucoup de jeux d'enfants sont nés de cette passion pour la lutte. Beaucoup de personnes gardent ce penchant toute leur vie durant sous la forme d'un geste inconscient.* » (T.N., p. 247)

Ainsi, observe Adler, certaines personnes qui, dans un cortège ou au cours d'une promenade en groupe, s'avancent insensiblement, se faufilent, sans même s'en rendre compte, jusqu'à ce qu'elles se trouvent au premier rang.

Puissance des modèles

Le but fictif ne se présente pas comme une abstraction, il est fortement soutenu par des images mentales, par des modèles puisés soit dans la réalité (personnes remarquables de l'entourage ou personnages illustres), soit dans la fiction (héros et héroïnes). Lorsque l'analyse soulève un coin du voile, on voit apparaître don Quichotte et Jeanne d'Arc aussi bien que tel empereur, tel savant, tel célèbre gardien de but, parfois des personnages obscurs mais qui présentent, pour le sujet, une véritable fascination, d'autre fois encore des figures négatives mais séduisantes (Messaline, don Juan, voire Pierrot le Fou !).

Dès le plus jeune âge, des contes de fées entretiennent une rêverie prometteuse : par des interventions magiques, l'enfant sera enfin reconnu et valorisé, comme le Petit Poucet. Il retrouvera ses vrais parents, qui sont des rois et des reines. Le Prince charmant devinera la princesse sous sa peau d'âne. L'enfant ne saisit pas dans sa totalité le message du conte, qui lui parle aussi de *courage* et *d'altruisme*. Seul lui apparaît le coup de baguette de la marraine-fée.

Peu importe que le but nous attire sans que nous en soyons conscients si courage et altruisme sont au rendez-vous. Alors, les conduites qu'il nous inspire resteront adaptées au réel. Adler lui-même raconte qu'étant enfant, il tomba gravement malade. Il sentit l'anxiété familiale autour de son lit. Il pensait que, s'il avait choisi de faire des études de médecine, c'est parce qu'il s'était alors fixé le but idéal de *dominer la mort*. But inaccessible, qui engendra cependant une existence en tout point remarquable, au service d'autrui.

La fiction directrice peut tourner le dos au réel : Adler en donne pour exemple l'affirmation que « tous les hommes sont égaux », peu compatible avec l'observation. Mais, à la différence du *dogme*, rigide, la fiction ne représente qu'un échafaudage susceptible de nous aider à progresser et qui peut être démoli ou modifié pour s'adapter à la réalité. Le but fictif peut se présenter comme un stimulant positif et permettre à l'individu de développer le meilleur de lui-même. Adler cite Kant : « *Les hommes cherchent à installer le royaume de Dieu sur la terre, comme si Dieu existait.* » Fiction positive.

Dans certains cas, cependant, on assiste à une *course effrénée vers un idéal de puissance et de perfection* qui est poursuivi comme s'il était accessible et comme s'il devait *absolument* être atteint, alors qu'il n'est qu'une métaphore incitatrice de progrès.

Toute conduite cohérente est une preuve d'intelligence, même si elle est désastreuse ; un enfant qui se rend insupportable en famille, déteste l'école ou contracte des maladies à répétition, obtient en somme ce qu'il désire, même s'il l'acquiert par des moyens dommageables : attention accrue de l'entourage, excuse pour le manque de réussite, fuite devant les challenges. Adler cite, à plusieurs reprises, les enfants guéris d'une coqueluche et qui, cependant, continuent à tousser, ce qui a pour effet d'effrayer leur mère et d'attirer l'attention sur eux. Il parle aussi de la *parfaite logique* du criminel qui, étant mal vêtu et apercevant un passant chaudement vêtu le tue pour lui voler ses vêtements : il se montre doué *d'intelligence,* mais c'est une *intelligence privée* et non *universelle*.

Le but idéal est caractérisé :
- par son degré d'élévation : plus le sentiment d'infériorité est fort, plus le but se place à un haut niveau.
- par son faible degré de conscience. Il reste généralement dans l'ombre, agissant sur l'individu comme une sorte de génie invisible, d'autant plus puissant que le sujet ignore son existence et *veut* l'ignorer afin d'échapper au sens de la responsabilité.

Au cours d'un traitement analytique, lorsque l'on commence à entrevoir l'image du but fictif, il arrive que le patient se sente menacé (le changement est toujours pour lui source d'inquiétude), et présente une forme d'amnésie afin de protéger sa fiction directrice : le sujet a totalement oublié certains épisodes de son enfance, ceux mêmes qui ont provoqué de façon aiguë le sentiment d'infériorité et la recherche de surcompensation au détriment de son énergie.

Pour un individu sain, il n'est pas question d'atteindre le but idéal, mais seulement de s'en approcher, de l'utiliser comme un levier. Si l'on se propose de servir l'humanité, on se laissera dynamiser par l'image de tel grand leader politique, de tel savant, même si l'on ne peut nourrir l'espoir d'atteindre sa notoriété. Quand on souhaite devenir particulièrement compétent dans tel ou tel domaine, ce peuvent être des figures d'érudits ou de champions sportifs qui indiquent le chemin.

Un individu conscient de ses propres manques et qui se donne une ligne directrice pour tenter de les dépasser devrait mener une existence harmonieuse. *Devrait mener* et non *mènera à coup sûr,* car rien n'est moins prévisible que l'être humain. Inversement, on peut imaginer que celui qui s'est fixé un but trop élevé et s'échine à l'atteindre subira échecs et angoisse, mais rien n'est jamais joué d'avance.

Dieu ou Jack l'Éventreur

On pourrait comparer le but fictif idéal à l'étoile polaire que les marins utilisent pour se guider mais qu'ils n'ont jamais cherché à atteindre.

> « *Il faut considérer* [le but fictif] *comme un tour de force téléologique de l'homme qui cherche une certaine orientation, concrétisée par la suite.* » (P.T., p. 22)

Parce que l'être humain ressent de prime abord sa fragilité, sa dépendance, son impuissance à résoudre certains problèmes, il est comme aspiré par un mouvement de bas en haut. Le déséquilibre se produit lorsqu'un but d'une exigence absolue devient un impératif : être le Maître du monde, être Crésus, devenir le plus grand écrivain, le plus grand artiste de tous les temps, être Dieu, idéal de perfection et de toute-puissance dans toutes les civilisations (ou s'assurer du moins une petite place à ses côtés). Il est parfois difficile d'imaginer les ambitions démesurées qui couvent, inconnues de nous-mêmes, au fond de nos inconscients.

La course vers les hauteurs revêt pour chacun des caractères différents. À défaut de croire à ces glorieuses perspectives, certains rêvent, au pis aller, de devenir le plus grand criminel de tous les temps ou le plus misérable des hommes.

Ainsi, le futur Richard III de Shakespeare, dès la première scène, nous explique qu'étant difforme, « inachevé par la nature », si laid que « les chiens aboient quand il s'approche d'eux », il ne s'imagine aucun avenir dès lors que la guerre est finie. Il est apte à la rude vie militaire, mais pas à courtiser les duchesses. Et, comme il a décidé, depuis toujours, d'être *le premier,* il se vouera au Mal, domaine où il se sent en mesure de devenir le plus grand, le plus monstrueux criminel en même temps que le maître du royaume.

Plus familier est pour nous le « cancre » de la classe, l'élève qui, désespérant d'être le premier, se donne le rôle de « premier à l'envers ». Le cancre est un personnage, il a un statut particulier, sa place attitrée au fond de la classe, contre le radiateur, il fait rire, le professeur a une certaine manière de s'adresser à lui : il émerge donc de la masse des écoliers.

D'autres se plaignent que le sort, les dieux, la fatalité s'acharnent contre eux : c'est encore un moyen de rester au centre du monde. On voit aussi, parfois, une personne alterner entre le rôle du dictateur, et celui de la victime.

Celui qui, n'ayant pas réussi à prendre ses distances par rapport au but fictif inconscient, concentre toutes ses forces dans une entreprise sans issue, va rencontrer de cuisants échecs, des déceptions, des rejets, qui augmenteront le sentiment d'infériorité et d'insécurité. D'où le cercle vicieux qui caractérise la névrose.

Une telle personne souffre et cherche souvent de l'aide, mais, tant que son but fictif reste inconscient, ni les critiques, ni les conseils ne parviendront à infléchir sa conduite. L'objectif d'une analyse est d'amener ce but à la conscience et de renforcer, chez le patient, le courage, le sens du réel et, chose capitale, le **sentiment social.** Car si une trajectoire s'emballe ainsi et tourne à vide, c'est que le patient, au lieu d'œuvrer pour s'élever *avec ses semblables,* qui, dans ce cas, le soutiendront, tend à s'élever *au-dessus d'eux* et à les dominer, ce dont il subira toutes sortes de conséquences fâcheuses.

🔍 *Synthèse*

- *L'homme est caractérisé par sa démarche vers le haut. Dès sa petite enfance, il cherche à s'élever, à progresser, sans avoir de direction bien définie.*

- *Entre trois et six ans se forme un but idéal qui définit et unifie la trajectoire de vie. Ce but final, dont le schéma est simple et souvent naïf, est caractérisé par la volonté de puissance. Il acquiert une importance extraordinaire et attire dans son sillage toutes les forces psychiques. C'est lui qui donne une cohérence aux mille impressions ressenties par l'enfant.*

- *Le but fictif, dans le meilleur des cas, reste une métaphore, une simple incitation à progresser. Il s'exprime par des images, des figures mythiques. Même inconscient, il peut produire un entraînement positif, compensant le sentiment d'infériorité par des choix réalistes, empreints de sens social.*

- *Il arrive aussi qu'il devienne impérieux, comme s'il devait absolument être atteint, au besoin par la domination sur autrui. Lorsque la pression est excessive, l'individu se heurte à des échecs et l'équilibre de son psychisme est menacé.*

- *L'individu qui ne peut supporter d'être remis en question va dépenser toute son énergie soit dans une visée absurde, comme de devenir « l'ennemi public n° 1 », soit dans des détours pour masquer ses faiblesses et paraître plus que ce qu'il est.*

Chapitre 3

Tout est dans l'opinion

Le but idéal fictif sert de compensation au sentiment d'infériorité, mais, comme l'a dit et répété Adler, **le sentiment d'infériorité *n'est pas l'infériorité,* mais une notion subjective.**

> *« Il est évident que nous ne sommes pas influencés par les faits mais par notre opinion sur les faits. »* (S.V., p. 21)

Dans l'ouvrage qui résume sa doctrine, *Le sens de la Vie,* Adler nous donne l'exemple suivant :

> *« Que ce soit un serpent venimeux qui s'approche de mon pied, ou que je croie qu'il s'agit d'un serpent venimeux, l'effet pour moi en sera le même. »* (S.V., p. 17)

Cet effet, c'est la peur, mais on pourrait dire la même chose d'autres sentiments, de la colère, par exemple, tout aussi vive si l'on se moque de moi ou si je me *l'imagine* seulement, ayant mal compris des paroles dites derrière mon dos.

On ne peut jamais savoir comment telle ou telle personne réagira à tel ou tel événement ; c'est un fait que nous pouvons constater nous-mêmes : un ami que nous avons toujours vu dominer des situations difficiles sombre dans la dépression à la suite d'une petite blessure d'amour-propre, un autre, qui nous semblait continuellement au bord du découragement, reçoit un coup terrible et fait preuve d'une énergie surprenante. Les faits comptent moins par eux-mêmes, affirme Adler, que par les sentiments qu'ils nous inspirent. On ne saurait rattacher directement la conduite d'une personne à une expérience précise du passé : les choses sont beaucoup plus complexes.

Très tôt, l'enfant reçoit des stimulations positives ou négatives, mais il n'y réagit pas passivement : il les incorpore, de façon plus ou moins consciente, à une dynamique qui constituera son **style de vie** ou **plan de vie,** et qui est, pour chacun, une création originale. Ce style de vie doit lui permettre d'accéder à son but idéal de sécurité et de supériorité. **Même si le but est erroné, le style de vie ne comporte aucune erreur : il va vers le but, indéfectiblement, que ce soit en ligne droite ou par des détours.**

> Dans ce cas, s'étonne Adler, pourquoi, chez les psychologues et psychanalystes, une telle insistance sur la causalité ? « *Toute causalité apparente dans la vie psychique,* ironise-t-il, *résulte du penchant de nombreux psychologues à présenter leur dogme sous un déguisement d'apparence mécanique ou physique. Tantôt*

> *c'est le système de la pompe montante et descendante qui leur sert de comparaison, tantôt un aimant avec ses deux pôles, tantôt un animal en danger qui lutte pour ses besoins vitaux. »* (S.V., p. 12)

À cette vue mécaniste, Adler oppose l'extraordinaire diversité des conduites humaines. Dès le plus jeune âge, l'enfant se forge une opinion sur ce qui l'entoure, sur ce qui lui advient, bien qu'il ne possède pas de mots pour l'énoncer. Les conclusions qu'il en tire, même si elles doivent se modifier plus tard sous l'influence de la raison, laisseront une trace dans sa personnalité.

On le constate à tout instant, *les faits n'agissent pas directement sur la conduite humaine, ils sont soumis à l'interprétation.* Un même événement passe légèrement sur l'un et dramatiquement sur quelqu'un d'autre.

Il arrive souvent, par exemple, qu'un enfant se *sente* mal aimé en comparaison d'un frère ou d'une sœur, sans qu'il s'agisse d'une préférence réelle. La plupart des parents s'efforcent d'être justes et de dissimuler leurs affinités, s'il en existe – ou, peut-être, n'en ont-ils pas. Mais un geste, une parole sans conséquence peuvent signifier à l'enfant, toujours à l'affût d'un signe de préférence, que c'est lui le favori ou lui l'exclu.

C'est dans le regard de l'autre, et d'abord des membres de sa famille, qu'un enfant tente de prendre la juste mesure de sa valeur propre. Telle jeune fille, fort jolie, se jugera laide parce que ses frères se sont moqués de ses oreilles décollées ; plus tard, elle se comparera non à ses compagnes, mais aux stars de cinéma et se désolera. Tel adolescent, intelligent, se croit stupide parce que son père (cherchant lui-même à affirmer sa supériorité), lui répète depuis son enfance qu'il est un âne.

Ce qui ne signifie pas, à l'inverse, que, si on loue des personnes en raison de leur remarquable intelligence ou de leur grande beauté, la vie se présentera toujours favorablement pour elles ; en effet, elles peuvent s'attendre à récolter, dans la vie, des triomphes faciles, à atteindre tout sans le moindre effort, ce qui ne correspond pas à la réalité – de là, désillusions et amertume. Une fois de plus, on constate que les situations extrêmes sont difficiles à vivre et que l'avenir ne se décide jamais sur des faits mais sur les sentiments qu'ils engendrent.

Dans les marges d'interprétation du réel qui sont laissées à l'imaginaire de l'enfant, figure au premier plan la question du *sexe* : être un garçon, être une fille, entraîne des images, des estimations subjectives, qui joueront un rôle capital dans son développement. Nous y reviendrons.

La faiblesse d'organe

Les premières recherches importantes d'Adler, avant sa rencontre avec Freud, avaient eu pour sujet *l'infériorité d'organe et sa compensation*. Il avait été frappé par le fait que, lorsqu'une partie du corps est déficiente, elle est relayée par une autre. Les organes peuvent tous rendre davantage que ce qu'on leur demande en temps normal. Il est donc possible à un rein de s'hypertrophier si l'autre ne fonctionne pas, à des cellules nerveuses de se différencier pour remplacer celles qui ont été lésées (c'est le principe même de la rééducation psychomotrice).

> « *Le miracle de l'évolution est manifesté dans le perpétuel effort assuré par le corps pour, en même temps, conserver, compléter et remplacer tous les éléments nécessaires à sa vie.* » (S.V., p. 52)

Or, pas plus qu'on ne peut diviser l'individu en tranches, il n'est possible de tracer une frontière entre la vie du corps et la vie psychique. Adler, en l'affirmant, ouvrait la porte à une nouvelle discipline, la médecine psychosomatique.

Par ses nombreuses observations, il vint à considérer qu'il existait, en plus ou à la place de la compensation physiologique, une **compensation psychique de l'infériorité d'organe.** Comme la rééducation psychomotrice incite des neurones sains à se spécialiser pour relayer les neurones atteints, ainsi l'analyse s'appuie sur la part saine de la psyché pour en combattre les symptômes morbides. À noter l'importance de l'environnement, puisque la faiblesse d'organe est révélée par les exigences du milieu.

> « *À partir du moment où l'individu se sépare de l'organisme maternel, ses organes et systèmes d'organes inférieurs entrent en lutte avec le monde extérieur, lutte fatale et beaucoup plus violente que celle qu'ont à soutenir des organes normaux [...] Et, cependant, le caractère fatal des infériorités leur confère* **une grande puissance de compensation** *et de surcompensation, augmente leur faculté d'adaptation à des résistances ordinaires et extraordinaires et favorise la formation de formes et de fonctions nouvelles et supérieures.* » (T.N., p. 24-25)

La description extrêmement complexe du système de compensation qu'Adler avait donnée dans son *Étude sur l'infériorité des organes* (1907) ne fut guère appréciée par Freud et précipita leur rupture, d'autant qu'avec *Le tempérament nerveux,* il reprenait et enrichissait son étude dans le domaine de la psychologie : là aussi, tout sentiment de faiblesse et d'incapacité est compensé par une recherche de progrès, d'élévation. L'enfant trouve des moyens souvent surprenants d'exalter le sentiment de sa propre valeur et les résultats en sont le plus souvent remarquables, à condition que sa recherche soit appuyée sur le sens de la réalité et le respect d'autrui. À défaut de ces deux éléments, ce sont les manifestations pathologiques qui prendront le dessus.

Dans ses différents ouvrages sur ce thème, Adler signale les impressionnantes performances accomplies par des hommes et des femmes de génie : Beethoven composant la *Neuvième Symphonie* alors qu'il était atteint de surdité, Démosthène, vainqueur d'un bégaiement avant de devenir le plus grand orateur de la Grèce, Lord Byron, affligé d'un pied bot, qui se montra parfait séducteur en plus de grand poète, Clara Schumann, sourde-muette jusqu'à huit ans, devint une merveilleuse musicienne, et que dire d'Helen Keller, née aveugle, sourde et muette, et qui, grâce à l'aide de son institutrice, parvint à être un personnage de premier plan ?

> *« Le cas […] de beaucoup de peintres, qui, bien qu'atteints d'anomalies oculaires, sont devenus de grands talents visuels, celui enfin de tant de musiciens affligés d'anomalies auditives, nous montrent la manière dont la tendance à la sécurité compensatrice se fraye un chemin et s'affirme. »* (T.N., p. 214)

Le nombre des enfants souffrant de malformations ou de faiblesses d'organes congénitales était beaucoup plus élevé à l'époque d'Adler que de nos jours. Cependant, rares sont les personnes qui ne se plaignent d'aucune infériorité physique, même insignifiante : on sait combien un nez trop long, une poitrine trop maigre, peuvent tourmenter leur propriétaire et combien la « chirurgie réparatrice » a prospéré grâce aux modèles imposés.

Un pénis jugé trop court, une fragilité intestinale peuvent être à l'origine d'un style de vie névrotique. Qu'est-ce à dire de déficiences invalidantes comme la cécité, la surdité, le diabète, les paralysies ?

Mais peut-on affirmer qu'une lourde hérédité, une erreur obstétricale ou un traumatisme accidentel vont *créer un destin de toutes pièces ?*

Dès que l'on passe du physiologique au psychologique, il est impossible de séparer les données héréditaires et celles qui viennent de l'environnement, puisque l'enfant, à peine né (on dirait aujourd'hui : à peine conçu), fait partie d'une communauté. Les recherches sur les jumeaux séparés à la naissance ont mis au jour quelques données intéressantes, mais qui se contredisent, les chercheurs n'étant pas eux-mêmes épargnés par la subjectivité !

Lorsque certains traits de caractère se retrouvent au sein d'une même famille, ce n'est pas une question d'hérédité au même titre que les yeux bleus ou les cheveux frisés, c'est que le but fictif idéal est imprégné des modèles familiaux. Si un membre de son entourage lui semble particulièrement valorisé, l'enfant aura tendance à imiter sa conduite. Lorsqu'on s'exclame que tel enfant, particulièrement têtu, « tient cela de son grand-père », il est clair qu'il s'agit d'une coïncidence ou bien que l'exemple du grand-père est imité par le petit-fils. Il n'existe pas de gène de l'entêtement !

Le caractère s'ébauche en fonction du but à atteindre et de la stratégie adoptée par l'enfant, l'un et l'autre influencés par ses premières expériences.

Un enfant n'est jamais paresseux « de nature ». Si un écolier refuse d'apprendre, c'est que la tâche lui semble trop difficile. Découragé, il préfère se retirer de la lutte. Ainsi, on lui reprochera sa fainéantise, mais pas son manque d'intelligence, c'est moins humiliant : « S'il voulait s'en donner la peine, disent parents et maîtres, il serait aussi brillant que les autres... »

De tels calculs s'opèrent à son insu, dans son inconscient, mais il est possible de faire comprendre à un enfant qui utilise ces subterfuges à quel point son choix est dommageable pour lui-même.

Adler était en désaccord total avec les théories de Lombroso, qui postulait à l'époque le caractère inné de la criminalité et remportait un succès public considérable. S'il nie le facteur héréditaire des troubles psychiques, ce n'est pas seulement par esprit scientifique, c'est aussi parce que cette notion lui paraît stérile : l'hérédité est un facteur à la fois invérifiable et non modifiable, il serait donc trop facile pour l'éducateur, s'il s'appuyait sur cette donnée, de baisser les bras, alors que sa tâche est essentielle.

Une psychologie de l'utilisation

La doctrine de l'hérédité met l'accent sur la *possession* des aptitudes et non sur leur *utilisation,* or, c'est l'utilisation qui est intéressante. Adler va jusqu'à séparer les écoles de psychologie en deux courants : **psychologie de la possession** et **psychologie de l'utilisation.** À quoi sert un prétendu *don* si l'on n'en fait rien ? La réalité, c'est que **la nature propose et que l'homme dispose.**

L'enfant handicapé, atteint dans sa motricité, l'enfant fragile, souvent malade, partent dans la vie avec un lourd handicap. Cependant, *ce handicap n'agit jamais de façon automatique sur le psychisme,* il passe par la *représentation que s'en fait l'intéressé.*

Adler ne nie pas que certaines lésions pathologiques, certaines toxines, le dysfonctionnement d'une glande aient leur importance sur l'avenir d'un enfant, mais il refuse de croire à leur action automatique, tout au plus entraînent-ils des prédispositions à l'adoption d'un style de vie névrotique et au choix des symptômes.

Soit trois enfants affligés d'une infériorité physique :
 – l'un peut en concevoir une profonde amertume et un découragement total (« Je n'ai pas de chance, je serai toujours incapable de rien réaliser d'intéressant »). Le sentiment de l'injustice subie le rendra agressif envers la société entière ;

- un autre utilisera le handicap pour protéger le sentiment de sa propre valeur (« Si je n'étais pas malade, j'aurais fait de grandes choses... ») ou pour asservir l'entourage (« Ce n'est pas de ma faute si je suis diminué, tout le monde doit donc me servir ») ;
- un troisième va s'arc-bouter sur cette épreuve, s'en faire un levier pour mieux progresser (« C'est dur, rassemblons donc nos forces, quel plaisir ce sera d'avoir vaincu la difficulté ! »).

Le cas des artistes, des sportifs, stimulés par un problème physique, qui se rééduquent et entreprennent une brillante carrière au lieu de se laisser abattre, montre la part de motivation et de créativité qui permet à un être humain de défier la notion de destin, et, par là, donne de l'humanité une image optimiste.

Il n'y a pas que les modèles illustres : beaucoup de personnes souffrant de défaillances physiques ont appris avec courage à compenser leurs manques, à mener une vie active et satisfaisante, de même que des enfants élevés dans des conditions familiales ou sociales sordides développent parfois de remarquables personnalités.

Notons au passage que l'inverse existe : des individus à qui la nature a fourni une excellente constitution et qui ont bénéficié d'un climat familial tout à fait favorable peuvent perdre ces atouts en exigeant toujours plus, comme le pêcheur du conte, et aller d'échec en échec.

Adler, que l'on sent fasciné par la créativité, le caractère imprévisible, souvent surprenant des conduites humaines, nous parle *d'alpinistes à pieds plats et jambes courtes* et de *tailleurs herculéens*. Il poursuit :

> « *Chacun connaît certainement des sujets d'aspect infantile à l'esprit particulièrement mûr et des types virils qui se conduisent en enfants, des géants lâches et des nains courageux, des gentilshommes laids et difformes et de belles crapules, de grands criminels d'allure efféminée et des cœurs tendres avec une apparence de brutes.* »
> (S.V., p. 64-65)

Le regard des proches

Nous vivons (cela est encore vrai de nos jours), dans une société créée pour des êtres jouissant de force et de santé, pourvus d'organes sains et d'un esprit vif : le monde présente donc d'énormes difficultés à l'enfant souffrant de faiblesse organique ou d'un retard qui concerne la marche ou le langage.

> « *La possession d'organes d'une valeur inférieure affecte la vie psychique du sujet en le diminuant à ses propres yeux et en augmentant son sentiment d'insécurité.* »
> (T.N., p. 22)

On sait qu'aujourd'hui, par exemple, le débat à propos des enfants gauchers n'a pas reçu de conclusion totalement satisfaisante : certes, on ne cherche plus à rééduquer de force les gauchers, mais, si on les laisse libres d'utiliser de préférence leur main gauche, on leur impose, du simple fait qu'ils représentent une minorité, des efforts d'adaptation à un environnement agencé pour les droitiers.

Toute imperfection congénitale d'un enfant est vécue par les parents de façon dramatique, car elle risque de gâcher sa vie. L'enfant perçoit leur détresse, avant même, souvent, qu'il soit conscient de son handicap. À cela peut s'ajouter une surprotection dépassant ses besoins réels. En agissant ainsi, on ancre dans son esprit l'opinion *qu'il devra constamment être assisté*.

Cet enfant va, très tôt, se comparer à des frères et sœurs, à qui tout semble plus facile qu'à lui, ou à ses parents, puis c'est à une communauté plus large qu'il sera rapidement confronté, le plus souvent dans un climat de compétition où il risque de perdre courage.

Bientôt, en effet, c'est la société qui prend le relais, quand elle exclut l'enfant des écoles ordinaires où vont ses camarades, au lieu d'adapter l'école publique à ses besoins. Il fait alors l'expérience douloureuse de son incapacité à vivre comme les autres. Il devient un objet de curiosité, de mépris, de pitié, de sympathie – quelles que soient ces réactions superficielles, elles lui rappellent son handicap. Mais, de ces éléments, chaque enfant tirera sa conclusion personnelle. L'un sera un « battant », l'autre un enfant replié sur lui-même.

Il est difficile de conseiller les parents qui, dans ces situations délicates, s'identifient à l'enfant dont ils ressentent la blessure comme si c'était la leur. Beaucoup d'entre eux ont tendance à surprotéger l'enfant au lieu de l'autonomiser ; j'aimerais citer, cependant, un cas curieux qui va à l'extrême inverse.

Une jeune fille, paraplégique à la suite d'une poliomyélite, présenta, vers l'âge de quinze ans, une tendance dépressive. Je reçus en consultation sa mère, qui m'expliqua qu'elle avait toujours dit et répété à sa fille : « Tu es comme les autres. » Cette mère affirmait qu'elle n'avait jamais fait la moindre différence entre cette jeune fille et ses frères et sœurs. C'était la négation flagrante d'une réalité que cette femme ne parvenait pas à supporter.

Or, la jeune fille était parfaitement consciente, elle, d'être « pas comme les autres ». Elle devait, pour avancer dans la vie, fournir des efforts infiniment plus grands qu'une personne saine et son infirmité l'obligeait à des renoncements pénibles. L'optimisme affiché de sa mère, qui croyait ainsi la rassurer, lui apparaissait au contraire comme une exigence particulière et comme une négation à la fois de ses efforts et de sa détresse. La dépression qu'elle manifesta avait pour but de se faire entendre.

La situation se modifia lorsque la mère, dominant son désarroi et son sentiment de culpabilité, admit l'idée que sa fille n'était pas et ne serait sans doute jamais comme les autres, ce qui ne la vouait pas pour autant à une vie malheureuse et dépourvue de sens. La jeune fille, délivrée de cette fiction, put envisager avec réalisme les domaines d'activité compatibles avec sa situation en fauteuil roulant. Elle retrouva ainsi un vrai plaisir de vivre.

Certains événements, certaines conditions familiales ou sociales peuvent se comparer au handicap physique : séparation ou décès des parents, perte du revenu, expulsion, exil...

Là encore, les généralisations hâtives, les prédictions ne sont pas de mise. On l'a vu, il n'y a pas si longtemps, pour les « enfants du divorce » (expression abusive) voués à tous les maux de l'enfer. Depuis qu'ils ne sont plus montrés du doigt, on s'aperçoit qu'ils ne sont pas plus névrosés que les autres !

Les réactions humaines ne sont pas de simples réflexes conditionnés. On ne répétera jamais assez que l'individu crée sa propre vie ; la diversité des problèmes qu'elle lui pose ne pourrait se satisfaire de réponses stéréotypées. Comme le rappelle Adler à toute occasion, la diversité et la singularité de chaque manifestation individuelle ne doivent jamais nous échapper. Ce constat a toujours été pour lui une source d'émerveillement et d'espoir. Si le sentiment d'infériorité dû à une déficience d'organe ou à un traumatisme psychique fait de nombreuses victimes, il existe aussi une grande puissance de compensation qui porte beaucoup d'individus à des réalisations de qualité supérieure.

Lorsque Adler affirme que « chacun peut tout accomplir », il sait que cela ne correspond pas à la réalité, mais il croit que l'éducateur doit garder en mémoire cette maxime et éduquer un enfant « comme si » elle était vraie.

🔍 Synthèse

- Ce qui agit sur notre psychisme, ce n'est pas l'événement mais l'opinion que nous en concevons.
- Avant même de pouvoir l'exprimer par la parole, l'enfant conçoit une interprétation de ce qui lui arrive.
- Comme la faiblesse d'un organe suscite l'activité accrue d'un autre, il existe une compensation psychique des handicaps physiques ou psychologiques.
- La réponse à un événement n'est pas automatique. Les matériaux que proposent à l'enfant son hérédité et son environnement, il les utilise de façon personnelle et créative pour construire sa vie.
- On constate que la compensation d'organes défectueux a mené certains individus à élaborer des œuvres de génie.
- Toute prédiction sur ce qu'un enfant deviendra n'est qu'une hypothèse de travail souvent démentie.

Chapitre 4

La formation du style de vie

Le **but idéal** ou **but fictif** inconscient est la projection dans l'avenir de tous les désirs, de toutes les ambitions humaines. C'est un puissant aimant qui dirige notre conduite sur un axe ascendant. Nous connaissons le point de départ de cet axe : le sentiment d'infériorité et d'insécurité, et nous savons avec quelle vigueur il propulse une personne *vers le haut*.

Que l'on ait affaire à une compensation satisfaisante ou à des conduites infructueuses, voire pathologiques, il s'agit toujours d'un mouvement continu sur l'axe qui part du sentiment d'infériorité et d'insécurité et aboutit à un idéal de supériorité et de sécurité.

La poursuite du but fictif entraîne un engagement de la personnalité entière. Elle mobilise les perceptions, les émotions, la mémoire, l'imaginaire, toutes les représentations aptes à renforcer le mouvement vers ce but. Adler, grâce à sa grande expérience et à son intuition, en remarquait les traces jusque dans les gestes quotidiens de ses patients, leurs positions favorites ou leurs mimiques, phénomènes moins maîtrisés que la parole et donc moins susceptibles de tromper l'observateur. Chaque mouvement, selon lui, provient de la personnalité tout entière.

Rappelant une parole de Luther : « Quand je débats avec un homme, je regarde ses poings », il considérait le maintien d'une personne, sa manière de serrer la main, de s'asseoir, de manger, la position qu'elle prenait dans son sommeil, le ton de sa voix, comme pouvant fournir de précieuses informations sur son style de vie, dans la mesure, toutefois, où on ne les interprétait pas isolément mais *en fonction de toutes les autres données*.

Persuadé que la personnalité ne peut être découpée en tranches mais présente un tout indivisible[3], Adler s'attachait à appréhender la ligne de conduite de ses patients en rassemblant un à un les maillons qui formaient la trame de leur existence.

Ou, pour employer une autre image, si une seule pièce se refusait à entrer dans le puzzle, il fallait reprendre toute l'analyse, car le **style de vie** ou **plan de vie** est entièrement agencé pour mener à ce point fixe, au sein d'un avenir hypothétique situé au-delà de la conscience, le **but fictif idéal**.

---

3. Rappelons que le terme « individuelle », si couramment adopté par les sociétés adlériennes qu'il est difficile aujourd'hui de le remplacer par un autre, n'est qu'une traduction ambiguë, de l'allemand « *Individualpsychologie* », que l'on rendrait mieux en français par « psychologie indivise ».

Le but final est la cause formative qui permet de comprendre le sens et la direction des phénomènes, morbides ou non, et leur organisation, en cohérence avec ce but. Chaque manifestation du psychisme se rapporte au but et ne peut être comprise que si on le connaît.

Pour s'approcher de la connaissance du but, il ne faut rien juger sur un seul élément mais relier entre eux des traits de comportement, comme des points qui formeront une sorte de polyèdre. Cette figure, qui représente le dynamisme du sujet, peut, par la suite, varier légèrement, mais elle constitue une base solide pour connaître la stratégie de ce sujet et le but qu'il vise. Adler conseille de relier entre eux, pour une image plus fine, différents aspects de la personne éloignés dans le temps.

Certains individus nous laissent perplexes parce qu'ils semblent pétris de contradictions : par exemple, un enfant est difficile à la maison et se comporte, à l'école, en élève modèle ; un adulte alterne des mouvements de grande générosité et des traits de mesquinerie inattendus, une humeur sociable et de brusques replis sur soi.

> Or, la contradiction n'est qu'apparente : Adler illustre sa conviction par un exemple tiré de la vie quotidienne : une jeune femme qui souffre de migraines et se plaint sans cesse d'avoir à accomplir d'innombrables tâches ménagères doit également accepter que son mari, pour des raisons professionnelles, soit parfois absent le soir, la laissant seule : « Prends ton temps, lui dit-elle cependant, tu ne sors pas si souvent, tu as bien le droit de rentrer un peu tard. » Il apparaît, au cours des entretiens, que cette mansuétude, en apparente contradiction avec ses plaintes au sujet du foyer, ne rompt nullement la cohérence de sa conduite habituelle : en effet, l'absence de son mari, qu'elle ne peut éviter, est à présent autorisée *parce qu'elle le veut bien*. La situation reste la même ; si elle se sent moins blessée, c'est qu'il n'agit pas ainsi par manque d'égards mais obéit au contraire à la consigne qu'elle lui a donnée. Ainsi, conclut Adler, même si la supériorité qu'elle s'arroge lui est imposée par les circonstances, *un voile est apposé sur toute l'affaire…*

> Ce qui prend l'aspect d'un trait d'altruisme vient ici du besoin compulsif d'affirmer sa propre autorité : *c'est elle, et non lui, qui l'a voulu*. La femme qui se plaint de tâches trop lourdes, de sa solitude, et celle qui permet à son mari de rentrer tard ne sont qu'une seule et même personne, animée du même désir inassouvi de domination que lui inspire son rôle « inférieur » de femme au foyer.

> Adler nous livre une autre observation, fort curieuse : l'apparente contradiction d'une personne pour qui tout va bien et qui, au milieu d'une fête, d'un concert, s'éloigne soudain, en proie à une intense dépression, une envie de sacrifice occasionnée par ce trop grand bonheur : c'est, dit-il,

un geste superstitieux qui consiste à sacrifier une partie de son bien-être pour en conserver une autre. Il compare la personne qui se conduit ainsi à ceux qui, dans les temps anciens, dédiaient aux dieux une petite part de leur bonheur afin de ne pas les rendre jaloux.

Loin d'un sentiment de culpabilité, ajoute-t-il, comme on le conclut trop superficiellement, il s'agit de maintenir « *un sentiment de triomphe voluptueux que le sujet éprouve à se voir victorieux, à se savoir envié par tant d'autres qui ont succombé dans la lutte pour la vie et pour le bonheur* ». (T.N., p. 46)

Les comportements contrastés de la part d'une même personne ont suscité des tentatives d'explications scientifiques depuis l'époque où on les attribuait à la lutte entre Dieu et le Démon. Pulsions contraires qui s'exprimeraient à tour de rôle, ou pire, se combattraient, au risque de bloquer la machine psychique, lutte entre Ça, Moi et Surmoi, entre instinct de mort et instinct de vie, etc.

En *Gestalt,* on imagine qu'un être humain est habité de personnages opposés, comme dans un théâtre de marionnettes. Chacun de ces personnages cherche à s'exprimer, c'est pourquoi l'homme est capable du pire comme du meilleur. Bridé par les conventions sociales, il s'efforce cependant de laisser s'exprimer les personnages positifs et de masquer les personnages négatifs, ceux dont il a honte et qui restent au fond de son inconscient (l'« ombre » de Jung); la rébellion de ces derniers entraîne alors des troubles de la personnalité. Le remède serait de porter à la conscience ces différentes marionnettes, la mesquine autant que la généreuse, la cruelle comme la tendre, la violente comme la courtoise, de les faire dialoguer entre elles et négocier un moyen terme. La résolution de ces conflits intérieurs apporterait l'apaisement.

Adler s'engagea plus loin dans ses derniers travaux : selon lui, les conflits intérieurs *n'existent pas*. Toute contradiction dans nos conduites n'est qu'apparente, car il n'y a pas une pensée, pas un geste qui ne concourent au but unique. Si le mesquin se montre soudain généreux, si le cruel a un moment de tendresse, c'est qu'ils se donnent, inconsciemment, un alibi afin de ne pas perdre la face, de ne pas se mésestimer eux-mêmes, ou parce qu'à un moment donné, dans une situation donnée, ils y ont vu l'intérêt de leur cause. Pour comprendre ces phénomènes, il convient d'abandonner une observation superficielle et de restituer à chaque conduite sa vraie signification.

Adler invite à un regard lucide sur la névrose : celui qui poursuit, inconsciemment, son but exorbitant de perfection, de puissance, de divinité, y emploie tous les moyens possibles, y compris l'humilité, la soumission, la passivité, qui désarment l'entourage. Là où le sujet ne peut atteindre directement son but de supériorité par l'orgueil et la présomption, parce qu'il n'est pas détaché des considérations morales et sociales (comme peut l'être le psychotique), il s'y emploie en se faisant humble et débonnaire ; il n'y a là aucun dédoublement de la personnalité mais deux façons d'arriver au même but, *la fiction dominante de supériorité* et la *contre-fiction*, destinée à masquer la première.

> « *On ne peut qu'admirer l'art avec lequel le névrosé, tout en s'adaptant à la contre-fiction fournie par les sentiments altruistes ou sociaux, sait affirmer sa volonté de puissance, l'habileté avec laquelle il sait briller, tout en se montrant modeste ; vaincre tout en faisant preuve d'humilité et de soumission ; humilier les autres par ses propres vertus apparentes, désarmer les autres par sa passivité, faire souffrir les autres par ses propres douleurs, poursuivre un but viril par des moyens féminins, se faire petit pour paraître grand. Il faut, pour y réussir, user d'artifices et de procédés que le névrosé connaît à merveille.* » (T.N., p. 73)

Ou, comme il l'exprime plus prosaïquement, « *si grande que soit la différence entre un marteau et des tenailles, les deux peuvent servir à enfoncer un clou* ». (P.T., p. 78)

Le but fictif, une instance totalitaire

En observant nos contemporains, nous pouvons nous apercevoir que chaque trait, même le plus infime, de leur vie psychique, est « pénétré d'un dynamisme finaliste ». Adler compare le style de vie à une *mélodie :* chaque note, prise à part, n'a aucune signification, mais la structure d'ensemble lui donne un sens. Telle est la vie psychique : un système en équilibre.

Connaissant le but, on peut comprendre les mouvements d'un homme qui y mènent. Connaissant les mouvements, il est possible de connaître le but, mais c'est plus difficile, car aucune de ces tendances n'a d'interprétation unique. Il faudra trouver leur place dans la constellation psychique.

> « *Il se peut qu'une parfaite identité s'observe dans les mouvements extérieurs qu'expriment deux individus, mais qu'à en examiner de plus près la ligne fondamentale, on découvre un indiscutable contraste. Si deux sujets font la même chose, ce n'est pas en réalité la même chose ; réciproquement, quand ils ne font pas la même chose, il se peut pourtant qu'il y ait identité […] Ce qui importe, c'est la signification qu'un phénomène revêt pour un individu dans tout l'ensemble cohérent de sa vie.* » (C.H., p. 74)

Impossible d'isoler le cognitif de l'affectif. Impossible d'étudier les phénomènes de mémoire, par exemple, sous un angle purement physiologique, sachant que la réalisation hypothétique du but de supériorité va exiger que certains souvenirs s'effacent et que d'autres demeurent. Toute impression sensible, étant liée à des affects, s'inscrira plus ou moins fortement dans la mémoire.

Il n'y a pas de souvenirs inoffensifs, écrit Adler. Il n'y a pas non plus de souvenir isolé, sans signification : nous retenons de nos expériences vitales ce qui est susceptible de s'inscrire dans une démarche globale et d'assurer la cohérence de notre personnalité. Si une observation semble contredire notre conception du monde qui nous entoure, nous aurons tendance soit à l'oublier, soit à l'interpréter de telle manière qu'elle puisse cadrer avec notre style de vie. Le plus souvent, et surtout si nous souffrons de troubles névrotiques, nous nous contentons *d'ignorer* notre but mythique et de fermer les yeux sur les chemins tortueux qui nous y mènent, plutôt que d'avoir à modifier nos habitudes. Plus on est anxieux, plus on craint le changement : plutôt la gêne ou la souffrance connues que le risque de l'inconnu.

> « *Il est nécessaire que le plan de vie du malade reste inconscient, afin qu'il puisse croire à une destinée dont il ne porte pas la responsabilité. Il ignore que le chemin qu'il suit est tracé depuis longtemps, malicieusement élaboré, et qu'il en est responsable.* » (P.T., p. 29)

Nous verrons quel usage fait l'analyse adlérienne des souvenirs, les uns enfouis très loin de la mémoire, d'autres obstinément mis au premier plan et dont le poids permet au névrosé de garder son cap, même si ce cap l'entraîne vers des écueils. Adler le dit *cloué à la croix de sa fiction étroite, égocentrique, non coopérative.*

Dans le domaine sensoriel, il est évident qu'un individu ne photographie pas le vaste champ perceptif mais en sélectionne certaines parties, plus ou moins consciemment. Cette sélection, qui ne se fait pas au hasard, permet de renforcer le sujet dans son originalité et dans sa recherche personnelle du but fictif.

C'est pourquoi, d'une même scène, d'une même image, d'un même discours, deux individus donneront des descriptions différentes. Il est bien connu que les témoignages recueillis à propos d'un fait divers doivent être soigneusement recoupés.

Entre un besoin naturel d'organiser nos expériences et une subjectivité délirante existe toutes les nuances : si je hais quelqu'un, je ne me souviendrai que du mal qu'il m'a fait. Si une rencontre m'a été pénible, je ne parviendrai pas à l'oublier et je refuserai de la renouveler. Si une personne qui m'a offensée regrette sa conduite et souhaite la réparer, je douterai de sa sincérité, je me demanderai ce qu'elle cherche à obtenir par cette contrition. J'évoquerai alors d'autres expériences fâcheuses pour renforcer ma méfiance.

L'imagination concourt à la démarche générale. Elle est avant tout prédictive : le sujet voit, dans un rêve nocturne ou éveillé, ce qu'il souhaite édifier. Chez l'enfant, la rêverie s'accompagne souvent de l'habituel « quand je serai grand » et signale son désir de puissance, qu'il exprime aussi dans ses jeux.

Et elle témoignera de ce désir encore plus fortement si l'enfant est découragé, dans un monde qu'il conçoit comme hostile.

Quant aux rêves nocturnes, plus difficiles à déchiffrer que les rêveries diurnes, mais qui montrent également le désir qu'a le sujet de maîtriser son avenir, nous aurons à y revenir lorsqu'il sera question de la cure analytique.

Une psychologie de la finalité

La vie humaine se déroule en quelque sorte comme une **pièce de théâtre** dont on aurait tout d'abord fixé le **dénouement.** Chacun crée son propre scénario avec tous ses personnages, s'y réservant le rôle principal, que ce soit celui d'un tyran ou d'une victime, d'un sauveur ou d'un bourreau. La pièce ainsi mise en scène est toujours en cohérence avec le but final recherché, cette apothéose qu'Adler nomme plaisamment le *cinquième acte glorieux*.

Le maître de Vienne n'hésite pas à présenter ce scénario inconscient comme un filet, chaque homme se trouvant *accroché aux mailles de son schéma*, avec cette différence que l'homme sain ne s'en sert que comme d'un appui alors que le névrosé a fait de ce schéma une religion et s'y emmêle, s'éloignant plus ou moins de la réalité. Quant au psychotique, au délirant, il a laissé le réel loin derrière lui, il ne perçoit plus que sa propre fiction.

À noter qu'un même but peut susciter des stratégies ou styles de vie fort différents. Nous l'avons vu, Adler lui-même, effrayé par une grave maladie infantile, décida très jeune de devenir médecin « pour dominer la mort ». Il a passé cette décision au crible de l'analyse et en donne les éléments dans plusieurs de ses ouvrages.

Enfant rachitique, il tombe gravement malade vers l'âge de trois ans et souffre de dyspnée produite par ses pleurs. Il ressent autour de son lit l'angoisse de ses parents, l'impuissance des traitements médicaux, et se guérit lui-même en s'obligeant à ne plus sangloter. Il expliquera, dans ses ouvrages, qu'un enfant, par ses larmes, met sa mère en échec et diminue la supériorité qu'elle a sur lui.

Un peu plus tard, il voit mourir son frère cadet. Vers quatre ans, il passe à deux reprises sous une voiture et s'en tire avec de douloureuses contusions.

À cinq ans, c'est une pneumonie qui manque de l'emporter : un médecin l'a « condamné », un autre le guérit. C'est là qu'apparaît l'image du médecin comme vainqueur de la mort. Cette fiction directrice, qui fait du médecin un dieu, le délivre de sa peur de mourir ou de voir mourir. En suivant des études de médecine et en s'employant à guérir ses contemporains, il adaptera à la réalité ce rêve de divinité qui n'était qu'une fiction directrice.

Un garçon, qui avait subi au même âge à peu près les mêmes difficultés, maladie, mort d'une sœur, et qu'il reçut en consultation, lui expliqua que ces épisodes lui avaient inspiré le fantasme de devenir *fossoyeur* : « Ainsi, précisait l'enfant, je mettrai les autres en terre, moi, on ne m'y mettra pas ! » Cette fiction, qui n'était pas tempérée par un véritable sentiment social ni par le sens des réalités, loin de le délivrer de sa peur de la mort l'entraîna vers la névrose.

Si insatisfaisant qu'il se présente, le style de vie se maintient tant que le but fictif n'a pas été remis en question et il se nourrit de tous les événements qui se produisent et de toutes les facultés du sujet afin de mieux se fixer. C'est sous l'action unifiante de l'idée directrice que se forment les traits de caractère. Même si cette indestructible unité n'apparaît pas clairement au premier abord, brouillée par des apparences, des masques, des faux-fuyants, on s'aperçoit, à l'analyse, que chaque faculté, perception, mémoire, représentation, a apporté sa pierre à la poursuite du but idéal. Le style de vie jouit donc d'une remarquable permanence au cours de la vie.

> « *Chacun porte en soi une opinion sur lui-même et sur les problèmes de la vie, une ligne de vie et une loi dynamique qui le régit sans qu'il le comprenne, sans qu'il puisse s'en rendre compte.* » (S.V., p. 22)

Scénario et personnages ne pourront donc être modifiés qu'après une prise de conscience du but et des moyens qui sont mis en œuvre pour l'atteindre.

Tant que ce travail n'aura pas été entrepris, l'individu dont le style de vie est manifestement « erroné » persistera dans ses comportements habituels, quitte à en subir les inconvénients. Si une pédagogie préventive bien comprise peut déjà atténuer ces difficultés chez l'enfant, elle ne suffira plus à l'adulte fixé dans son attitude névrotique.

Certains, il est vrai, s'en accommodent et vivent une existence suffisamment satisfaisante ; d'autres en ressentent assez de souffrance pour avoir recours à une analyse. Il s'agira alors d'examiner le but fictif et de voir si on peut le déplacer – ceci prudemment, car le patient s'accroche un certain temps à sa fiction.

Les visées sur l'avenir sont modifiables, c'est pourquoi un *travail d'analyse axé sur la finalité* présente un avantage sur celui qui consiste a décortiquer minutieusement le passé. Une fois le but fictif dévoilé, assoupli, remis à sa vraie place de métaphore stimulante, l'axe qui y mène s'infléchira et on peut espérer rééquilibrer le style de vie du patient.

🔍 *Synthèse*

- *Le but fictif idéal adopté par une personne pour compenser son sentiment d'infériorité infléchit toute sa vie. Elle s'efforce d'atteindre ce but en élaborant une stratégie plus ou moins consciente qu'Adler appelle style de vie ou plan de vie.*

- *Le style de vie occupe toute la personnalité, utilisant, pour se maintenir, la mémoire, l'imagination, l'observation et toute autre faculté mentale. Il biaise la pensée, le raisonnement, provoque des émotions sélectives, ne laissant filtrer que ce qui lui permet de se maintenir.*

- *Le style de vie est une unité. L'individu à la poursuite de son but est toujours cohérent malgré d'apparentes contradictions. En revanche, des similitudes de conduite chez deux individus ne revêtent pas nécessairement le même sens.*

- *Le style de vie impulsé par le but inconscient peut être tout à fait positif. Il organise et stimule les différents aspects de la personnalité.*

- *Si le sentiment d'infériorité est très accusé, le but fictif exagérément élevé, la pression pour l'atteindre trop forte, s'il est vécu non comme une métaphore mais comme une exigence absolue, le style de vie entraînera l'individu dans des calculs erronés et il rencontrera l'échec et le découragement.*

- *Tant que le but idéal n'entre pas dans la claire conscience du sujet, il lui est impossible de l'infléchir, donc de modifier ses attitudes et ses conduites, même s'il constate qu'elles entraînent des erreurs et des souffrances.*

Chapitre 5

Le tissage du lien social

Le petit enfant tâtonne avant d'élaborer une forme de conduite cohérente. Il cherche des réponses aux problèmes qu'il rencontre, réponses qui constituent des expériences séparées. Leur cohérence n'apparaît que peu à peu. Vers trois ans, l'enfant présente déjà une personnalité, sans que l'on puisse prédire avec certitude ce que sera celle du futur adulte. Mais, à partir de six ans, et plus sûrement dès l'adolescence, le style de vie est fixé et le sujet fournit, aux problèmes qui lui sont posés, le même type de réponses.

> « *Le caractère, c'est la prise de position psychique, la manière selon laquelle un individu fait face à son milieu ; c'est une ligne d'orientation où se poursuit son impulsion à se mettre en valeur, associée à son sentiment social, sentiment de communion humaine.* » (C.H., p. 139)

La vie ne cesse de créer des problèmes et l'être humain se voit sans cesse dans l'urgence de les résoudre. Adler résume ainsi les trois grands tests auxquels nous sommes soumis pendant le cours de la vie : le **lien social** (amitié, camaraderie, associations, voisinage…) **l'amour** (engagement, mariage, partage des tâches familiales…), la **profession** (choix, faculté de collaborer en vue d'une même tâche). Passer ces tests de façon satisfaisante nécessite toujours une aptitude à la coopération et un intérêt véritable pour autrui.

Le sens social est, pourrait-on dire, *le fondement de la santé psychique*. C'est lui qui utilise, en la tempérant, la volonté de puissance. L'équilibre d'une personnalité dépend de l'intensité relative de l'un et de l'autre :

> « *Les différences entre les individus sont conditionnées par l'intensité du sentiment de communion humaine et de la tendance à la puissance, facteurs qui s'influencent mutuellement. C'est un jeu de forces dont la forme extérieurement manifestée constitue ce que nous appelons le caractère.* » (C.H., p. 162)

Arrêtons-nous sur cette notion adlérienne de base : le *sentiment social* ou *intérêt social* comme facteur indispensable d'une évolution harmonieuse. C'est le sens de la collectivité qui retient l'individu attaché à un but de domination et cramponné à un style de vie individualiste. Celui qui cherche à progresser sans oublier l'intérêt des autres est certain d'occuper, dans la société où il vit, une place satisfaisante. Celui qui veut « grimper » par-dessus la tête des autres est voué, tôt ou tard, à l'échec.

Plus un être est faible, plus il a besoin de vivre en groupe et d'organiser la division du travail pour assurer sa sécurité. Aucun être humain n'est capable d'assurer seul sa propre survie.

Chacun d'entre nous est, dès ses premiers jours, immergé dans la communauté humaine, mais la relation à autrui n'est pas donnée une fois pour toutes, elle se construit.

Contrairement à Freud, Adler ne constate pas que l'enfant soit en premier lieu centré sur lui-même (« narcissisme primaire »). Il note au contraire, dès la naissance, et plus tard avec le langage, une recherche incessante de communication où l'enfant apporte très tôt des nuances selon ses différents interlocuteurs. Le petit d'homme naît social, ce sentiment devant seulement être développé. Il a un grand besoin d'amour et ne se replie sur lui-même que s'il en est frustré.

Les phénomènes d'identification à autrui sont chose courante et se manifestent très tôt dans la vie. Un enfant peut se mettre à pleurer, sans même savoir ce qui le chagrine, parce qu'il voit pleurer un petit camarade. Si nous voyons quelqu'un tomber, même à distance, nous esquissons des gestes comme pour le retenir. L'identification à autrui, la faculté de ressentir en nous-mêmes ce qu'il ressent, permettent la communication, mais cette faculté se développe plus ou moins selon les individus.

Adler s'étonne de voir tant de gens *passer les uns à côté des autres,* ou même se parler sans trouver de véritables points de contacts, aussi bien au sein d'une famille que dans des groupes plus étendus. Pourtant, l'impulsion à aller vers autrui est très vive chez l'être humain. Ce qui lui manque, c'est une meilleure *connaissance* de l'autre qui lui permettrait d'atténuer ses préjugés et ses peurs.

Les expériences précoces laissant des traces profondes, l'adulte conservera, vis-à-vis de ceux qui l'entourent, des sentiments parfois justifiés, parfois erronés, si ancrés dans sa personnalité qu'il ne les remettra pas spontanément en question mais tendra, au contraire, à les généraliser : par exemple, un père excessivement sévère peut créer, chez son fils ou sa fille, une aversion plus ou moins consciente pour *tous ceux* qui représentent l'autorité. Face à des personnes haut placées, quelle que soit la situation, les moins courageux se montreront alors timides, fuyants, les plus actifs seront des provocateurs, voire des révoltés.

L'individu qui a été élevé « sans oppression ni mollesse » saura, lui, se positionner avec justesse vis-à-vis de l'autorité, quitte à discuter et négocier. Car ceux qui ont confiance en eux-mêmes, qui se sentent solides sur leurs bases, sont capables d'accueillir les idées des autres au lieu de s'en défendre, et de les examiner avant de décider s'ils doivent les adopter ou les rejeter.

Une nécessité vitale

Nos rapports avec les autres sont loin d'être idylliques. Nous éprouvons souvent de la méfiance vis-à-vis d'eux, nous ressentons de la jalousie, du mépris, de la crainte, de l'indifférence, de la haine. Ces sentiments, dont beaucoup nous ont été inspirés par nos premières expériences, se mêlent à d'autres données pour infléchir notre comportement.

Par exemple, nous avons souvent à décider entre une attitude égocentrique et un comportement altruiste. Si une personne a besoin de nous, il nous arrive d'être peu enclins à l'aider, ne souhaitant nullement lui abandonner une part de nos biens ou de notre temps. Comme il est difficile de dire « non », de refuser son aide, d'exhiber son hostilité ou son indifférence, nous trouvons des prétextes, éventuellement nous nous rendons absents de la scène où l'on nous sollicite.

Cependant, ces alibis ne sont pas particulièrement glorieux. Pour *garder l'estime de soi* dans de telles circonstances, il existe des procédés inconscients, des manœuvres subtiles dont Adler lui-même nous donne un exemple curieux. Voici la scène à laquelle il a assisté :

- Une femme âgée était tombée en montant dans le tramway. Elle glissait dans la neige et ne parvenait pas à se relever. On s'attroupe autour d'elle sans lui porter secours. Enfin, quelqu'un l'aide à se remettre debout. Un homme, alors, qui observait la scène à quelques pas, déclare qu'il se félicite de cette issue : « Enfin, dit-il, voici l'homme de la situation ; depuis cinq minutes, j'étais ici à me demander si quelqu'un relèverait cette femme... ». Véritable imposteur, cet individu, qui n'a pas bougé le petit doigt mais prétend manifester sa solidarité.

Le sentiment social est souvent mis en avant de façon plus subtile sans être toutefois authentique. On voit ainsi des individus se ménager richesse et honneur en s'affichant comme des bienfaiteurs de l'humanité jusqu'à ce qu'un incident dévoile leur véritable but. Le chef d'armée qui, la guerre étant perdue, envoie encore des milliers de soldats à la mort, est-il plus justifié par son « patriotisme » ?

Là ou le sens social a été cultivé et renforcé, on constate qu'il diminue le sentiment d'infériorité, adoucit l'agressivité naturelle à l'homme, facilite l'épanouissement des aptitudes intellectuelles. Le *sentiment de communion humaine,* comme l'appelle également Adler, **n'est pas un précepte moral mais une simple condition de la survie de l'espèce.**

Enfants handicapés et enfants mal aimés

Adler a observé les obstacles précoces à la formation du lien social. Parmi les individus qui risquent d'en être dénués, il distingue trois catégories d'enfants :
- ceux qui souffrent de handicaps physiques ou sociaux (enfants qui vivent dans des familles économiquement défavorisées),
- ceux qui ont été négligés ou maltraités par leurs parents,
- ceux qui ont été trop gâtés.

Nous avons vu combien les premiers, s'ils ne sont pas soutenus dans leur recherche de compensation, ont une tendance naturelle à considérer comme hostile le monde qui les entoure ; *leur intérêt se porte beaucoup plus sur les ombres de l'existence que sur ses faces lumineuses* (C.H., p. 37). Ils garderont l'habitude de se méfier de tout et de tous, chercheront toujours des responsables à l'injustice qui leur a été faite et élaboreront des stratégies de retrait ou de domination plutôt que de coopération.

Souvent, ces personnes, par fierté, refusent l'aide qui leur est offerte ou l'acceptent avec aigreur. Il appartient à leur entourage de leur montrer qu'elles ont beaucoup à donner et que l'échange n'est pas nécessairement inégal.

L'enfant mal aimé est, lui aussi, dans une situation difficile. Il a appris à dissimuler ses émotions parce qu'elles n'ont aucun écho chez ses parents. Ses tentatives pour susciter des marques de tendresse ont échoué, il a été rabroué, ridiculisé, humilié. Beaucoup parmi ces enfants (pas tous : il faut toujours faire la part de la vie, qui est complexe et compense bien des erreurs), en gardent une façade d'insensibilité qui leur aliène l'amitié ou l'amour d'autrui. Pour peu que leur éducation ait été excessivement autoritaire, ils s'attendent sans cesse à éprouver des sensations désagréables, à être critiqués, soupçonnent les gens d'avoir envers eux des desseins malveillants. Tout cela ne fera qu'aggraver leur isolement et préparer troubles de caractère, névroses et psychoses.

De plus, leur apparente froideur, qui masque une demande affective intense mais contenue, toujours en recul devant la déception possible, passe pour de l'orgueil. En fait, ils se sont forgé une identité de réprouvés : « Le malheur, la misère, c'est ma spécialité, je m'y connais. » Quand ils entendent les gens se plaindre de tracas mineurs, leur silence ressemble à du mépris : « Comment peut-on gémir pour de pareilles futilités ? » En s'imposant comme « des héros de la souffrance », selon l'expression d'Adler, ils s'aliènent de nombreuses personnes prêtes à sympathiser, et qui ont parfois envie de leur dire : « Ce n'est pas notre faute si nous sommes heureux... ». Si leur but fictif est de s'élever au-dessus des autres, de se venger sur eux des infortunes, de les opprimer, on les retrouvera parmi les chefs de bandes.

Des écrivains comme Jules Vallès, Hervé Bazin, ont admirablement décrit ce mal de vivre dû à une enfance malheureuse. Devenus adultes, certains de ces enfants, pour qui la souffrance est chose familière, sont capables de dévouements extrêmes, de luttes acharnées contre l'injustice. Mais, sortis de l'ornière grâce à leur énergie, leur intelligence, leur profonde humanité, il arrive qu'ils ne s'identifient plus qu'à la lutte et trouvent intolérable d'accueillir pour eux-mêmes une existence meilleure. Ce serait trahir leurs semblables, renoncer aux sentiments de rage, de haine, aux désirs de vengeance qui constituent leur identité, ce serait aussi déculpabiliser ceux qui leur ont fait du mal et qui pourraient en conclure : « Eh bien, finalement, ce n'était pas si grave... » Se réclamer du malheur sert d'excuse à bien des conduites, mais, surtout, permet de suivre la voie directe vers le but final qu'ils ont projeté devant eux : *être l'éternel opprimé.*

On voit ainsi, dans *Le voleur,* de Darien, un homme qui, après avoir surmonté de nombreuses épreuves, renonce à sa fiancée et à la perspective de jours paisibles auprès d'elle. Le bonheur n'est pas fait pour lui. Ceux qui ont été élevés dans l'eau glacée se sentent brûler si on leur offre ne serait-ce que de l'eau tiède. *Once victim, always victim (Victime une fois, victime toujours),* déclare l'héroïne, dans le *Tess d'Urberville,* de Thomas Hardy. Et l'on voit, au cours du roman, par quelles maladresses (in)volontaires elle fait échouer toute espérance de vie meilleure.

Certaines personnes qui ont pris un mauvais départ réagissent par une recherche accrue de perfection : « On ne m'aimera, pensent-elles, que si je ne commets pas la moindre faute. » Elles vont se montrer d'un altruisme à toute épreuve, fiables, loyales, donner sans compter leur temps et leur argent. Pour elles, le lien social est vivant. Le problème est qu'elles placent souvent la barre trop haut (« Je suis Zorro, le Sauveur, la bonne fée... ») ; le moindre échec, la lassitude, une rupture, une simple marque d'ingratitude, leur sont insupportables et peuvent faire vaciller tout l'édifice.

D'autres concevront que, puisqu'ils ont souffert, ils ne doivent rien à la société qui les a persécutés ; ils peuvent tout se permettre et en être excusés. Quant à l'attitude des « mal-aimés » vis-à-vis de leurs propres enfants, c'est encore une caractéristique individuelle. Les uns diront : « Ce que j'ai subi, mes enfants peuvent bien le subir à leur tour. », d'autres : « Je ferai tout pour que mes enfants vivent une vie plus heureuse que la mienne. »

Il se peut aussi que l'enfant ne souffre d'aucun handicap physique et ne soit pas un mal-aimé mais qu'il se sente découragé par le poids des tâches qui lui sont imposées. Ou, au contraire, que, trop protégé, il se sente incapable et inhabile.

Les enfants gâtés

Les « enfants gâtés », troisième catégorie d'enfants « à risques », comme on dit aujourd'hui, reviennent constamment sous la plume d'Adler. Ils se trouvent en grand nombre parmi les enfants difficiles. Ils ont été adulés, portés aux nues, servis comme des princes. Certains de ces enfants, par la suite, exigeront des autres beaucoup plus qu'ils ne donneront (« Pourquoi devrais-je aimer les autres ? », se demandent-ils). Leur but secret est d'avoir le monde entier à leurs pieds. Ils luttent, rêvant d'un avenir où ils occuperont toujours la première place. D'autres ont perdu toute confiance dans leurs propres capacités : lorsqu'on est continuellement servi par un entourage trop complaisant, on finit par se croire inapte à réussir par soi-même. La personnalité des enfants gâtés oscille entre ces deux tendances.

Certains d'entre eux ont eu une mère aimante mais possessive : « Tu es tout pour moi, donc tu me dois tout. » De cette relation fusionnelle, exigeante, ils tireront la leçon et deviendront peut-être de ces amoureux dont la conduite signifie : « Je t'aime, donc tu dois faire ceci ou cela. » D'où un certain nombre d'expériences décevantes.

Pour Adler, le « complexe d'Œdipe » de Freud n'a rien de « fondamental » : ce n'est qu'une des manifestations de la vie de l'enfant gâté, *qui dispose d'une seconde personne et construit sa vie en symbiose avec elle* (E.D., p. 129). Cet enfant entend garder sa mère pour lui tout seul, un peu comme il s'accroche à des objets favoris, refusant de les prêter. La connotation sexuelle, selon Adler, n'est qu'un élément « ajouté par un thérapeute non averti. »

Un enfant mal aimé, s'il ne trouve dans son entourage aucun soutien à ses efforts, risque de se laisser écraser par le sentiment de son infériorité et de son impuissance, mais cette épreuve n'est pas épargnée à l'enfant trop gâté. Persuadé au départ de la vie que tout est facile et qu'il lui suffit de se présenter pour obtenir ce qu'il veut, il subira un véritable choc dès que son cercle s'élargira, ne serait-ce qu'au jardin d'enfants. De nouveaux problèmes se poseront à lui ; on exigera qu'il fasse quelque chose pour les résoudre ; or, il a conçu l'idée qu'il ne peut rien réussir par lui-même, qu'il aura toujours besoin de l'intervention d'un adulte. Il rejoint alors la situation de l'enfant mal aimé en adoptant des conduites excessives, de l'ordre soit du découragement et de l'inertie, soit d'une recherche exacerbée de supériorité. Ce sont aussi ces enfants qui, accrochés à l'adulte, s'excluront du groupe d'égaux en « rapportant » au maître sur leurs camarades au lieu de négocier avec ces derniers.

Quelles que soient les stratégies adoptées, à défaut d'un véritable sens social, qui incite à donner autant qu'à recevoir et à respecter la liberté et les désirs de l'autre, les problèmes les plus vitaux ne seront pas résolus de façon positive.

Le courage est un élément nécessaire pour affronter et surmonter les épreuves de la vie. Or, l'individu qui n'a pas développé son sens social, qui n'est pas soutenu par l'amitié et l'amour de ceux qui l'entourent, est la plupart du temps un être *découragé*.

Bien qu'il ne soit pas toujours manifeste, le découragement, pierre d'achoppement de toute réalisation, est extrêmement répandu. Même un individu doué de qualités exceptionnelles peut les voir disparaître parce qu'il est découragé. Au contraire, l'établissement d'une relation positive peut faire apparaître des aptitudes insoupçonnées. Il revient donc au parent, à l'éducateur, d'encourager l'enfant en l'aidant à rétablir des relations positives avec les autres, comme tentera de le faire l'analyste avec son patient.

Adler n'hésite pas à l'affirmer : ***Éduquer, c'est encourager.***

🔍 *Synthèse*

- *Le caractère d'un enfant n'est pas dû à l'hérédité mais se forge au cours des années en réponse à son environnement.*

- *La vie présente pour tous trois catégories d'épreuves : la vie en société, la profession, l'amour.*

- *L'enfant, dès sa naissance, cherche à communiquer avec autrui, mais le sentiment social a besoin d'être développé et renforcé.*

- *Le courage nécessaire pour résoudre les problèmes de la vie nécessite l'établissement d'un lien social solide.*

- *Adler signale les enfants souffrant de handicaps physiques, les enfants mal aimés et ceux qui sont trop choyés comme les trois catégories d'individus fragilisés dans leurs réalisations par le manque de sens social.*

Chapitre 6

Les premières expériences

« *L'enfant est le père de l'homme* », écrit le poète anglais Wordsworth dans un court poème où il exprime le lien privilégié du poète avec son enfance. Les éducateurs ont souvent repris ces termes, les adaptant à leur souci particulier : préparer *très tôt* l'enfant à son rôle futur d'homme ou de femme.

Il y a des siècles que l'on donne à l'enfant un enseignement et qu'on le dresse aux *bonnes manières,* celles de la communauté où il vit. Mais la prise de conscience que la personnalité du futur adulte est en germe dans l'éducation des *toutes premières* années, que rien de ce qu'il a vécu, même à l'âge du nourrisson, n'est effacé, cela est apparu seulement au siècle dernier, notamment grâce aux travaux de Freud.

Adler est l'un des pionniers qui ont montré la voie. Nous savons aujourd'hui que la personnalité de l'enfant se prépare dès la naissance, et même dès la conception. Un schéma de vie est déjà apparent à trois ans et se fixe vers six ans. Adler fait remarquer que, si un patient manifeste un caractère anxieux, défiant, enclin à se tenir à l'écart, on retrouve ces traits de personnalité dès son jeune âge, manifestés alors plus simplement et plus faciles à déchiffrer. Il en a conclu que *le centre de gravité de la connaissance de l'Homme se situait dans l'enfance.*

Cela signifie que les tâches éducatives précoces sont d'une importance capitale, mais aussi qu'il ne faut, en aucun cas, céder au pessimisme, car *aucun schéma de vie n'est indélébile.*

Contrairement à Freud, Adler, même quand il explore le passé, cherche moins à repérer des *causes* de traumatismes qu'à découvrir la *ligne de conduite* adoptée par l'enfant à la suite des diverses situations qu'il a vécues. Rappelons que, pour lui, *tout est dans l'opinion.*

Par exemple, Freud cite comme un facteur traumatique la découverte par l'enfant de la « scène primitive » (il a surpris ses parents faisant l'amour). On s'aperçoit en fait que beaucoup d'enfants ont vécu cette expérience sans être « traumatisés », alors que d'autres en restent marqués, peut-être seulement parce que les parents, pris sur le fait, ont eu une réaction violente à leur égard. L'enfant, qui s'est alors senti diminué, culpabilisé, peut ensuite surmonter cette impression ou s'y accrocher, l'utilisant, par exemple, pour fuir une relation amoureuse.

Les toutes premières expériences, celles même du nouveau-né, contribuent à sa façon de considérer la vie, vaguement d'abord, d'une manière de plus en plus personnelle ensuite. Au début, la vie est pour lui quelque chose de plutôt agréable et qui permet d'aller joyeusement de l'avant ou de plutôt déplaisant, et, si c'est le cas, il convient de s'en protéger, de rester en retrait. Les premières impressions exercent une grande influence sur son avenir :

> « Il n'est donc pas surprenant que les hommes ne changent pas beaucoup d'attitude envers la vie depuis le berceau, quand bien même les manifestations de cette attitude varient beaucoup extérieurement. » (C.H., p. 73)

Un enfant, au cours de sa croissance, prend en compte toutes les impressions qu'il reçoit, tant celles que lui apporte son propre corps que celles qui lui viennent de l'extérieur. C'est sous leur influence qu'il forge à la fois son opinion sur le monde et l'idée d'un but personnel qui lui assurera sécurité et reconnaissance.

On pourrait dire qu'il va poursuivre au jour le jour *des buts* bien réels et réalisables, comme de manger proprement pour être félicité ou de travailler assidûment afin de réussir à un examen. Mais, au-delà de ces objectifs partiels, se situe le *but unique,* imaginaire, qui va servir d'aimant à tout son plan de vie.

- Pour démontrer l'unité de la vie psychique, Adler a recours à de nombreux exemples appartenant à sa clinique. Ainsi, un garçon de cinq ans, turbulent, avait pris l'habitude de jeter par la fenêtre toutes sortes d'objets. Sévèrement corrigé, il s'applique à devenir un enfant sage, mais il développe une véritable angoisse à l'idée qu'il ne pourra s'empêcher de recommencer et sera à nouveau puni. Cet enfant semble avoir réagi à la naissance d'un cadet. Il voulait rester au centre de l'attention familiale et, sa première tentative (désobéissance) ayant échoué, il tentait une autre manœuvre (« Je crains tellement de désobéir que j'en suis malade »), qui semblait opposée mais avait exactement le même but, récupérer l'attention des parents.

Nous retrouvons ici la métaphore du marteau et des tenailles!

Nous avons vu comment certaines circonstances font de ce but fictif, au lieu d'une stimulation, un facteur de névrose. Aux trois grandes catégories d'obstacles mises en avant par Adler, le handicap physique, l'excès d'indulgence et de soins ou au contraire l'abandon affectif, s'ajoutent ou s'associent nombre de situations intermédiaires de la vie courante.

On fait quotidiennement sentir à un enfant qu'il est trop petit, trop faible, trop maladroit pour telle ou telle tâche. Il suffit qu'il touche un objet fragile pour qu'on le lui enlève des mains : « Tu *vas* le casser ! » La plupart du temps, il serait possible de lui indiquer *comment* manipuler l'objet pour éviter de l'endommager, mais l'impatience de l'adulte et son attachement à ses possessions rendent cette démarche difficile.

Une maman a du mal à ne pas intervenir quand elle voit son enfant tenter maladroitement de nouer ses lacets de soulier ou de ranger dans une boîte des éléments de jeu. Peut-être est-elle pressée, et il faut reconnaître que ces tentatives malhabiles peuvent produire chez les adultes un véritable malaise. Malheureusement, l'enfant perd souvent, pour ces raisons, la satisfaction d'avoir réussi quelque chose par lui-même.

> Cette préoccupation excessive de parents perfectionnistes peut aller jusqu'à priver un enfant de toute initiative, alors qu'une pédagogie efficace « *procède de l'intention, consciente ou non, d'aider celui-ci à sortir de son insécurité, de le munir pour la vie de savoir-faire, de connaissances, d'une compréhension acquise et cultivée, ainsi que du sentiment qui prend les autres en considération* ». (C.H., p. 68)

De plus, l'injonction faite à un enfant est presque toujours d'être *le meilleur, le premier, le plus rapide, le plus intelligent,* de faire honneur à sa famille en se plaçant plus haut que les autres, sans même lui en donner les moyens. Pour beaucoup d'éducateurs, la sociabilité, la solidarité avec les camarades, est secondaire ou même répréhensible (copier, « communiquer » à un examen est un crime). C'est évidemment inciter l'enfant à briguer, partout et toujours, la première place, non en *coopération* mais en *lutte* avec les autres, qui ne lui rendront pas la vie facile.

L'enfant ne se contente donc pas de faire le mieux possible, il veut être au premier rang, sous les projecteurs. Pour se sentir totalement en sécurité par rapport aux attentes de ses parents, il lui faut gagner une *position supérieure inattaquable*. Ce désir se renforcera chaque fois qu'il ressentira de la crainte, de l'anxiété devant la vie.

Confronté à des exigences qui le mettent sans cesse en défaut, voire à des humiliations répétées, l'enfant ne s'applique pas seulement à devenir plus grand, plus fort, plus adroit, il cherche souvent à surcompenser son statut d'infériorité en imposant, à son tour, sa volonté à tous. L'objectif initial (maîtriser les difficultés de la vie) se change en **volonté de puissance**[4] (se placer très haut, hors de portée des critiques et des vexations).

---

[4] Le terme renvoie à Nietzsche, mais, alors que celui-ci place une élite au sommet de l'échelle humaine, Adler ne conçoit pas de véritable puissance sans élévation de la communauté entière.

À six ans, les jeux sont-ils faits ?

Certes non ! La découverte de l'importance des expériences précoces, en se banalisant, a dépassé ses propres limites, produisant, chez les parents, une véritable angoisse.

Je me souviens, dans les années 1970, d'avoir rendu visite à un ami que je trouvai en proie à une crise de découragement profond : sur sa table était posé un livre intitulé *Tout se joue avant six ans* ; il venait d'en commencer la lecture alors que sa fille avait, la semaine précédente, fêté son sixième anniversaire !

Je ne sais plus qui était l'auteur de ce crime pédagogique, et je préfère avoir oublié son nom, mais son ouvrage fut, hélas, un best-seller.

Aux situations qui lui sont présentées, l'enfant répondra, dès trois ou quatre ans, par des mécanismes déjà mis en place : mécanismes de rébellion, de fuite, de soumission ou autres. On parlera déjà de son « caractère », en se plaignant qu'il soit coléreux ou en se félicitant d'avoir un enfant sage.

Adler, qui a toujours insisté sur l'importance de ces premières années, écrit, dans *Les enfants difficiles,* à propos du jardin d'enfants :

> « *Le style de vie est parachevé dans la quatrième ou la cinquième année d'existence, il ne subit plus de changement radical* » (E.D., p. 20), et, plus loin : « *Après les quatrième et cinquième années, le style de vie d'un enfant est déjà si bien défini que des influences extérieures ne peuvent plus le changer* ». (E.D., p. 203)

Mais on lit également plusieurs fois sous sa plume : **les réactions de l'âme humaine ne possèdent nullement un caractère définitif,** ou : **la formation de la personnalité dure toute la vie.**

Ces affirmations, malgré l'apparence, ne sont pas contradictoires. Ce que signifie Adler, c'est que l'enfant ne changera pas de style de vie par l'effet de critiques, de punitions, de récompenses (les « influences extérieures »), qui sanctionnent tel ou tel comportement. Selon lui, toute obéissance obtenue par la force n'est qu'illusoire. La peur des punitions est un poison qui développe chez l'enfant, souvent pour toute la vie, le pire des pessimismes.

> « *La pression souvent pratiquée par les éducateurs est un procédé téméraire, qui ne produit dans la plupart des cas qu'une fausse soumission.* » (C.H., p. 149)

Quant aux sanctions distribuées par la vie elle-même, elles ne seront pas nécessairement plus efficaces ; il arrive souvent que les échecs et les déceptions renforcent le style de vie existant.

En revanche, il n'est jamais trop tard pour faire comprendre à un enfant ou à un adulte le mécanisme qu'il a mis en place en vue d'un but plus ou moins erroné. Au lieu de blâmer l'enfant pour ses « défauts » et de tenter une éducation qui se rapproche du conditionnement, on essaiera de *comprendre* pourquoi il agit ainsi, et de *le lui faire comprendre.*

> *« Punir n'a aucune utilité, le style de vie est fixé après la quatrième ou cinquième année d'existence et ne saurait être modifié chez le sujet que par **l'autoreconnaissance** de ses erreurs. »* (E.D., p. 25)

Dans les comptes rendus de consultations d'Adler, on assiste à cette démarche : « *Tu as bien raison de te conduire comme tu le fais, dit-il à un enfant "difficile", puisque tu attires ainsi sur toi l'attention de toute la famille. Ta conduite est une conduite intelligente.* »

Quelquefois, il n'hésite pas à exposer aux yeux de l'enfant sa propre interprétation du problème, à lui expliquer pourquoi on le juge poltron ou trop lent dans son travail, « comme un artisan indiquerait à son apprenti la manière de réparer une machine en lui montrant le défaut qui l'empêche de fonctionner normalement. » Les enfants comprennent ces choses, affirme Adler ; s'il s'en trouve un qui n'arrive pas à suivre quand on remonte aux sources de ses erreurs, c'est que le psychologue s'est trompé, soit dans son interprétation de la situation, soit dans la façon dont il la lui a décrite.

L'enfant réagit à des attitudes nouvelles de la part de l'entourage, à une compréhension chaleureuse mais non complice, au climat de sécurité (« Mes faiblesses, mes erreurs ne m'empêchent pas d'être aimé »). Ainsi, un jeune délinquant, dans un foyer, avait volontairement fracassé un carreau. L'éducateur, qui le surprit en flagrant délit, exprima seulement son inquiétude et l'examina pour s'assurer qu'il n'était pas blessé ; après quoi, il lui donna le matériel nécessaire pour réparer le carreau. Stupéfait, l'adolescent, qui attendait une punition, prit conscience de la stérilité de sa conduite. Pour un jeune qui n'a jamais reçu que coups et insultes, une telle attitude suscite une profonde remise en cause.

Adler nous raconte que lui-même, au cours d'une séance d'analyse, fut agressé par un patient. Constatant que celui-ci s'était blessé à la main, il le soigna et le banda calmement avant de le laisser partir. Là où aucun blâme n'était de mise, cette manifestation de simple solidarité ébranla l'édifice solidement construit d'un style de vie perturbé.

Le travail d'analyse va plus loin encore, plus profond, en s'attaquant au but fictif inconscient qui dirige toutes les conduites du sujet. Dans *Pratique et théorie de la psychologie individuelle comparée*, Adler nous livre, sur la délinquance des jeunes – vol, violence, alcoolisme, toxicomanie – des pages qui n'ont rien perdu de leur force. Dans *Le sens de la Vie*, il affirme que « *le criminel-né est une catégorie périmée. Hélas, déplore-t-il, notre civilisation au mieux peut-elle punir, se venger, effrayer les gens, elle n'a jamais pu résoudre le problème »*[5] Des jeunes devenus criminels par manque de contact humain, au lieu d'être aidés, sont poussés au découragement, à la récidive, à la délinquance par habitude.

La pression éducative

Il existe un juste milieu entre une sévérité excessive et le laisser-aller. Trouver ce juste milieu suppose une bonne connaissance de la psychologie infantile et une observation personnelle de tel ou tel enfant. Car beaucoup de rébellions apparentes ne sont que des malentendus.

Dans *Ma vie d'enfant,* Maxime Gorki raconte que son grand-père, dont il avait peur, l'envoya au coin à la suite d'une bêtise. L'enfant n'était pas habitué à ce type de punition et demanda : « Quel coin ? », car la pièce était entièrement occupée par des meubles et aucun coin n'était libre. Cette naïveté, prise pour une insolence, lui valut de nouvelles brimades.

On sait à quel point toute provocation de la part de l'enfant exaspère l'adulte. Il se sent remis en question dans sa toute-puissance, même si l'enfant n'a pas eu l'intention de le défier. Bien des fessées, note Adler, ont pour seul objectif de démontrer : « Je suis plus fort que toi. » C'est affirmer une simple évidence... mais l'enfant s'en saisira à son tour comme d'une permission pour rosser son cadet !

L'adulte, qui souvent n'a pas réglé ses propres problèmes, les projette sur l'enfant dont il interprète les réactions à sa manière. Adler s'est toujours élevé contre une excessive sévérité, qui incite les enfants à la timidité, au mensonge ou à la révolte, et contre les châtiments corporels, *inutiles et humiliants*. Il rapporte de son enfance cette anecdote touchante, qui l'a profondément marqué :

> « *À l'âge de six ans, j'avais joué un vilain tour à mes parents. Ma mère me demanda des explications avec un visage rouge de colère et j'étais très gêné car j'étais conscient de ma faute. Mon père, qui se tenait tout près d'elle sans rien dire, finit par me prendre la main en lui disant : "Laisse-le." Cette scène m'a fortement impressionné et je m'en souviens toujours. Je suis reconnaissant à mon père de son attitude. Il m'a ainsi plus profondément influencé que si l'on m'avait demandé de faire amende honorable ou si ma mère m'avait donné une tape. Ce n'est pas une bonne méthode que celle qui consiste à exiger de l'enfant qu'il demande pardon.* » (E.D., p. 163-164)

---

5. Malgré quelques efforts accomplis en ce sens dans les années 1960-1970, la pauvreté des vues prospectives et l'étroitesse des budgets alloués ont à nouveau privilégié la répression par rapport à la prévention, plus coûteuse au départ, mais infiniment plus économique à long terme, non seulement en argent mais en richesse humaine et en paix sociale.

Examinant le cas d'un enfant qui lui est présenté, il poursuit : « *ce garçon sait qu'il a mal agi. Pourquoi lui demander cet aveu public ? Pourquoi le confondre publiquement et lui montrer qu'il a dû se soumettre ? »* (E.D., p. 164)

Nous reviendrons à la conception novatrice des châtiments que nous expose Adler, mais nous voyons déjà, par le souvenir d'enfance qu'il nous confie, ce que peut être un climat familial favorable à l'épanouissement de la personnalité. Les deux parents, ici, prennent au sérieux l'incident, sans toutefois en faire un drame ni, surtout, un moyen de démontrer leur puissance.

Adler a toujours fait preuve du plus grand respect pour les enfants, quel que soit leur âge et quelles que soient leurs faiblesses :

> « *On fait sentir à l'enfant qu'il est là pour satisfaire ou pour mécontenter les adultes. Le profond sentiment d'infériorité ainsi cultivé chez les enfants peut encore subir un renforcement, vu certaines caractéristiques de notre existence. En fait partie l'habitude de ne point prendre les enfants au sérieux, de signifier à l'enfant qu'il n'est proprement personne, qu'il ne possède aucun droit, qu'il doit toujours faire place aux adultes, s'effacer devant eux, qu'il lui faut garder le silence, et ainsi de suite. Ce qu'il peut y avoir de vrai en l'espèce, il arrive qu'on le présente aux enfants avec si peu de délicatesse que nous comprenons qu'ils en éprouvent de l'irritation. En outre, un certain nombre d'enfants grandissent sans cesser de craindre que tout ce qu'ils font ne soit tourné en dérision. La fâcheuse habitude de se moquer des enfants se montre on ne peut plus préjudiciable à leur développement. Il en est chez qui l'appréhension à se voir ainsi traités se laissera repérer jusqu'aux derniers temps de leur vie ; même adultes, c'est souvent qu'ils ne peuvent plus s'en défaire. Très nuisible, également, la tendance à manifester qu'on ne prend pas les enfants au sérieux en leur disant des contre-vérités ; cela les amène aisément à douter du sérieux de leur entourage, et même du sérieux de la vie. »* (C.H., p. 65)

Le cas d'un jeune homme peut montrer combien le problème d'un père peut être maladroitement projeté sur son enfant : ce père, par ailleurs éducateur tout à fait positif, avait fait jurer à son fils adolescent que jamais de sa vie il ne mentirait. Il lui pardonnerait n'importe quelle sottise, disait-il, à condition qu'il ne mente pas. Du fait que le père était bienveillant, qu'il donnait lui-même l'exemple d'une parfaite droiture et que cette exigence restait circonscrite, le fils la respecta scrupuleusement jusque vers l'âge de vingt-cinq ans, non sans souffrance, car il est difficile, dans la vie courante, d'être toujours sincère.

L'injonction paternelle, à la fois si puissante et si impossible à réaliser, l'entraîna plus tard dans des situations inextricables, le brouilla avec ses amis, lui fit perdre des emplois. Confronté à d'incessants dilemmes, il devenait de plus en plus anxieux et hésitant dans sa conduite, s'accrochant de façon obsessionnelle à cette contrainte : « Tout plutôt que de cacher la vérité. »

À la veille de perdre sa fiancée, qui était lasse de s'entendre dire ses quatre vérités, il entreprit une analyse. Après quelques séances, il me parla du *Misanthrope* de Molière qu'il était allé voir au théâtre. Le metteur en scène avait choisi de souligner le comique caricatural d'Alceste, et mon patient se montrait indigné par ce choix. Selon lui, Alceste était un héros, un saint. Il prit alors conscience qu'il avait choisi, pour rester fidèle à l'injonction paternelle, ce modèle inconfortable mais qui lui apportait une série de bénéfices secondaires, comme d'en remontrer aux hypocrites, d'assouvir certaines vengeances, et, également, de passer pour un pur, un incompris, une victime en raison de sa vertueuse franchise.

Quelques entretiens avec le père, appelons-le M. Dupont, complétèrent le tableau : il apparut que, lorsque son fils était âgé d'une douzaine d'années, M. Dupont avait eu une liaison ; sa femme, qui l'avait découverte par hasard, quitta aussitôt le domicile, emmenant l'enfant avec elle. Non seulement Dupont fils avait de ce fait été privé de son père, mais il avait vécu dans un climat de haine et de combats juridiques. Sa mère, se souvenait-il, répétait à qui voulait l'entendre : « Je lui aurais pardonné d'avoir couché avec cette femme, *mais je ne lui pardonnerai jamais de m'avoir menti.* » Pour M. Dupont père, le mensonge était donc le responsable n° 1 du désastre de sa vie. C'est cette notion dont il s'était fait un dogme sans avoir conscience qu'en l'inculquant de façon aussi impérieuse à son fils, il lui rendait la vie impossible.

Au-delà de ce cas clinique, on sait quelle arme redoutable peut représenter la Vérité, avec un grand V, et combien son usage peut blesser autrui ou même, mener à des massacres.

La double injonction

Une autre difficulté pour l'enfant est *l'ambiguïté des messages*. Le parent fait une remarque... et pense l'inverse ; il soumet l'enfant, sans s'en rendre compte, à deux injonctions contradictoires.

Un garçon de huit ans, qui s'ennuyait pendant une visite de ses parents à la campagne, alla se promener jusqu'à l'église voisine et jeta des pierres dans une verrière. Des voisins alertèrent les parents, qui, après avoir constaté les dégâts, se fâchèrent. Le garçon fut puni. À peine lui avait-on signifié la punition que le père se tourna vers moi et me dit à haute voix, sans pouvoir dissimuler une certaine fierté : « Quand même, il a fait fort, ce verre est particulièrement solide ! »

Ce n'était pas le premier « exploit » de cet enfant et ce ne serait pas le dernier, car il est évident qu'il portait moins d'attention aux réprimandes qu'à l'approbation à peine masquée de son père. « Il est fier de moi, pensait-il sans aucun doute, parce que je me comporte comme un *vrai garçon* ! »

D'autres enfants, soumis à de telles contradictions, hésitent entre les conduites à tenir pour choisir finalement l'incitation la plus flatteuse, puisque l'éducation reçue leur inspire cette opinion sur la vie :

« *Il faut que dans tout ce que j'entreprends je sois supérieur.* » (S.V., p. 20)

L'adulte conservera cette même stratégie qui consiste à adopter les comportements les plus avantageux pour son amour-propre et à rejeter les autres, car, dès l'âge de six ou sept ans, les essais ne se font plus au coup par coup, c'est tout une ligne de conduite qui se fixe et la personnalité entière s'organise autour de l'axe infériorité-supériorité.

🔍 *Synthèse*

- *Adler, comme Freud, a attiré l'attention sur l'importance des impressions les plus précoces dans la formation de la personnalité. Mais il ne les conçoit pas comme des causes directes de traumatismes, car l'enfant les interprète à sa manière propre.*
- *À partir des expériences qu'il vit, le petit enfant forge son opinion personnelle sur l'existence et, par des tâtonnements, choisit les comportements qui semblent lui attirer le plus de considération et d'amour.*
- *Vers trois ans, il a projeté dans l'avenir son but fictif inconscient. Vers six ans, sa personnalité est déjà clairement dessinée, ce qui ne signifie pas qu'elle ne puisse se modifier.*
- *Un style de vie erroné ne se modifie pas de l'extérieur par des sanctions. Pour l'infléchir, il faut en comprendre les sources et les faire comprendre, soit à l'enfant, soit à l'adulte, car il n'est jamais trop tard, un être humain peut évoluer à n'importe quel stade de la vie.*
- *Les châtiments corporels et les humiliations ne sont propices ni à la formation du lien social ni à la compensation équilibrée du sentiment d'infériorité.*

Chapitre 7

Les rôles familiaux

À une mère qui lui demandait comment elle devait s'y prendre pour éduquer son enfant, Freud aurait répondu qu'elle s'y prenne comme elle voudrait, car, de toute façon, elle ferait mal.

Que ces paroles aient été prononcées ou non, il n'existe aucun doute sur le pessimisme de Freud à l'encontre des relations familiales et de l'homme en général. Adler n'est pas naïf, il sait quelle barbarie sommeille au fond de l'être humain le plus respectable, mais il croit au pouvoir d'une pédagogie bien comprise et à la possibilité d'évolution de tout un chacun. Il va plus loin et envisage, par le travail de réflexion de chaque individu, une évolution de la société entière vers plus de justice, de paix, de bonheur.

Dans la famille traditionnelle, la mère console et protège l'enfant, tandis que le père incarne l'autorité. Ses absences répétées lui permettent de garder intact un prestige qui est écorné chez la mère en raison des frictions quotidiennes. Beaucoup d'enfants craignent leur père, image d'une toute-puissance souvent arbitraire.

La mère, lorsqu'elle n'obtient pas que l'enfant obéisse, s'en réfère au père selon l'alternative suivante, soit : « Je ne dirai rien à ton père, mais ne recommence pas ! », soit : « Ce que tu as fait est très mal, tu vas voir comme ton père te punira ce soir ! » Dans un cas, elle intercepte la relation entre le père et l'enfant, dans l'autre, elle la rend menaçante, accentuant le rôle paternel du gendarme. Par ce comportement, qui n'est pas totalement absent de nos jours, la mère, plus ou moins consciemment, satisfait son propre besoin d'être la préférée dans le cœur de l'enfant.

Le père est également, selon la tradition, celui qui forme l'enfant au contact social élargi.

Adler tend à inverser ces données : il demande à la mère, objet du premier lien biologique et affectif de l'enfant, d'être un agent actif de *socialisation,* et au père de se montrer *amical* avec ses enfants (être amical et non pontifiant, c'est aussi le conseil qu'Adler donne au psychothérapeute). Nous avons vu qu'analysant le fameux « complexe d'Œdipe » de Freud, il le remodèle au coin du bon sens, de façon peut-être un peu réductrice, en le détachant de son caractère sexuel : il s'agit simplement, selon lui, de la tendance qu'a l'enfant trop choyé par une mère possessive à vouloir la garder pour lui tout seul. Dans ce but inavoué, l'enfant peut rêver qu'il tue son père, simple métaphore de son désir. Quant aux relations privilégiées qui se nouent souvent entre mère et fils ou entre père et fille, Adler ne les considère pas comme des manifestations de désirs incestueux refoulés : par ses relations avec le parent de l'autre sexe, l'enfant s'entraîne, comme dans ses jeux, à son avenir sexué.

La mère de famille a deux fonctions concomitantes : **donner son amour à l'enfant et le tourner vers les autres.** Elle est l'initiatrice de l'intérêt social ; la première tétée du nourrisson n'est pas une expression de cannibalisme (Freud) mais déjà une tâche de coopération mutuelle.

> *« Probablement devons-nous au sentiment du contact maternel la majeure partie du sentiment social de l'humanité et par là le fond essentiel de la solidarité humaine. »*
> (S.V., p. 150)

Si la mère n'aime pas son enfant, si elle n'est pas en accord avec les contraintes que lui impose la maternité ou si, au contraire, elle voue à cet enfant une adoration possessive, elle aura beaucoup de mal à jouer de façon équilibrée le double rôle.

Le lien de l'enfant à sa mère est tout d'abord physique et fusionnel. Il est important que les soins d'hygiène et la tétée soient des occasions d'échange chaleureux entre l'enfant et sa mère, comme cela a été amplement démontré par d'autres psychologues depuis les travaux d'Adler. De nos jours, le père intervient dès le début. Il n'en était pas de même à son époque, où le lien s'effectuait peu à peu, grâce à la médiation maternelle. Un certain nombre de pères avouaient ne s'être intéressés à leurs enfants qu'au stade du langage, ou même plus tard. Rares étaient ceux qui s'occupaient des soins de puériculture.

La mère a le pouvoir de favoriser la relation de l'enfant avec son père, mais cela suppose qu'elle éprouve envers celui-ci amour et confiance. De concert avec lui, elle élargira ensuite la relation de l'enfant avec ses proches, puis avec la société au sens large.

Adler était favorable, à une époque où la chose n'était pas communément admise, au travail des femmes, du moins à un travail choisi et épanouissant. Il le considérait comme une chance de socialisation pour les enfants, alors qu'une mère restée au foyer, surtout si elle en était insatisfaite, risquait d'accaparer leur affection pour compenser sa frustration.

Quant au père, il aura fallu arriver aux années 1970 pour redécouvrir l'importance de son rôle *dès la naissance* et même, *avant la naissance,* où on lui recommande d'affirmer sa présence en palpant le ventre de son épouse enceinte et en parlant au bébé à naître qui, dit-on, perçoit particulièrement bien les sons graves.

À l'époque d'Adler, l'incidence de cette conduite sur la relation paternelle était inconnue et les pères étaient exclus ou s'excluaient spontanément de ce « mystère féminin » qu'était l'accouchement.

Pourtant, affirme Adler, le père, en aucun cas, ne devrait être confiné à un rôle autoritaire et lointain. Il représente avant tout, pour l'enfant, une expérience de *camaraderie* et de *confiance*. Car la véritable autorité, celle qui aide à s'insérer dans la société, s'appuie sur la confiance réciproque, non sur des oukases accompagnés de sanctions.

Adler souligne qu'une bonne entente entre les époux, sur un pied *d'égalité*, est un modèle positif pour les enfants, quel que soit leur sexe. C'est le premier et le plus proche modèle, pour eux, d'une *coopération réussie,* incluant l'éventualité de désaccords et de *solutions négociées*. Un tel exemple peut être une leçon pour toute la vie.

Adler recommande aux parents non de protéger l'enfant des épreuves qu'il rencontre, mais de les atténuer et de lui présenter, autant qu'il se peut, les aspects « ensoleillés » de la vie, afin qu'il ne la conçoive pas, dès le départ, comme quelque chose d'hostile.

Ce qui laisse à désirer dans la plupart des foyers, c'est la visée même de l'éducation :

> « *Notre éducation familiale vise principalement à aiguillonner surtout l'ambition de l'enfant et à éveiller en lui des idées de grandeur. Non pas par irréflexion, à la légère, mais parce que toute notre culture, elle-même pénétrée d'une telle tendance aux idées de grandeur, leur donne tant d'impulsions que, dans la famille aussi, il s'agit en première ligne de faire que l'individu s'avance dans la vie avec un éclat particulier et dépasse tous les autres, autant que possible à tous égards.* » (C.H., p. 59)

Les parents, regrette Adler, ne sont ni de bons psychologues, ni de bons pédagogues ; ce qu'ils désirent, dans un système hiérarchisé où le père représente l'autorité, même s'il est le plus souvent absent du foyer, c'est obtenir de leurs enfants qu'ils soient supérieurs à ceux des autres familles. Munis de cet idéal fallacieux, les enfants, devenus adultes, subiront nécessairement des revers au sein d'une société plus large.

Le métier de parents

J'ai connu un temps où il fallait avertir les parents, lorsqu'ils se plaignaient d'un enfant « menteur », « paresseux », « chapardeur », comme s'il s'agissait d'une tare congénitale. Les conseillers en éducation tentaient de les aider à dépasser le stade du jugement et à considérer les « défauts » de leur enfant comme des réactions à la dynamique familiale[6].

Pour Alfred Adler, les traits de caractère ne sont pas innés mais acquis. L'enfant ne naît ni bon, ni mauvais, il devient ce qu'on en fait, ce qu'il se

---

[6]. On peut lire un article d'Adler sur le sujet dans *Heilen und Bilden* (Bergmann, Munich).

fait. Une éducation bien comprise ouvre donc des perspectives optimistes pour le devenir de l'humanité.

Un enfant ne *naît* évidemment pas menteur : s'il ment, c'est soit pour se valoriser par des fables, soit pour éviter une réprimande ou une punition. Il appartient donc à ses éducateurs de reconnaître ses mérites et de ne pas dramatiser ses incartades. Un « chapardeur » est souvent un enfant qui vole des bonbons ou de menus objets pour les offrir à ses camarades et s'en faire des amis. Pourquoi ne peut-il gagner d'amis par des moyens positifs ? C'est là que réside la question, et l'humilier, par exemple, en le forçant à avouer publiquement son larcin ne fera qu'aggraver les choses. Il se sentira indigne, rejeté, et se trouvera en mauvaise posture pour son projet d'amitié.

Ces explications devraient être en mesure d'apaiser les conflits familiaux. Malheureusement, les parents les ont souvent comprises comme des accusations à leur égard et, dans une seconde période, ceux d'entre eux qui venaient à nos consultations n'incriminaient plus l'enfant, ils se culpabilisaient : « Mon fils redouble sa classe... Qu'ai-je fait de mal ? Où est ma faute ? » Il fallait alors les rassurer car le sentiment de culpabilité décourage au lieu d'aider et complique les relations.

Les parents ne sont pas à blâmer pour leurs erreurs éducatives. Elles tiennent à des normes culturelles (comme de sanctionner différemment un garçon ou une fille pour la même bêtise ou de comparer leurs enfants entre eux), à l'éducation qu'ils ont eux-mêmes reçue (trop rigide ou trop laxiste), à leurs propres modèles parentaux (ressembler à sa mère, à son père, ou au contraire les refuser), au but fictif qu'ils ont construit pour eux-mêmes (par exemple, avoir des enfants prodiges).

Ne l'oublions pas, leurs motivations sont en grande partie inconscientes et les critiques ne leur seront pas d'un grand secours. Seule une analyse de leurs motivations, entreprise avec eux, une réflexion sur leur propre enfance, peut amener au jour les raisons de leurs erreurs et leur permettre de modifier leur attitude éducative.

Là aussi s'exprime l'optimisme d'Adler : la nature n'est pas si mesquine, nous dit-il, et ce serait dommage de penser que *toute erreur éducative entraîne des conséquences !*

Du reste, comme il le souligne, plus l'individu s'achemine vers la maturité, plus il est amené à prendre en main sa destinée. Or, on entend de nombreux adultes imputer à leurs parents tout ce qui est allé de travers dans leur vie. Ce perpétuel alibi : « Si mes parents m'avaient mieux compris », « Si on m'avait laissé faire ceci ou cela », est souvent un refuge commode contre le sentiment d'échec. La mauvaise éducation, nous dit Adler, n'en est responsable *qu'autant qu'ils le veulent bien !*

Il convient d'ajouter à ce tableau le fait qu'une partie de l'éducation échappe aux parents. Il y a, bien sûr, les influences extérieures à la famille, mais aussi les conditions de vie dont les parents ne sont pas nécessairement responsables. L'enfant subit les conséquences de leurs propres difficultés, par exemple le fait d'habiter un logement exigu, insalubre et de manquer d'argent à la fin du mois, l'émigration, le chômage, le veuvage d'un des parents.

L'enfant, avec ses possibilités de raisonnement encore embryonnaires, risque de généraliser la situation, de concevoir le monde qui l'entoure comme une menace et de s'y engager avec méfiance.

Même si les conditions matérielles sont plus favorables, les parents, pour jouer un rôle positif, ont besoin d'être aidés. Les écoles adlériennes, nous le verrons, ont toujours pris soin d'établir un contact avec les parents de leurs élèves. Adler a lancé l'idée que les parents devraient pouvoir bénéficier d'une formation de type analytique, car leur tâche est difficile : ils ne l'apprennent nulle part et ils ne peuvent s'empêcher de projeter sur leur enfant leurs propres affects, ambitions déçues, rancœurs, désir de perfection.

Les écoles de parents, dont l'origine, en France, remonte au début des années 1930, ont depuis, sans relâche, poursuivi cet effort : soutenir les parents dans leurs propres difficultés, les éclairer sur leurs propres problèmes afin d'initier chez eux une compréhension plus objective des comportements de leurs enfants.

🔍 Synthèse

- L'enfant n'a pas besoin que ses parents se spécialisent : une mère pour le choyer et un père pour le gronder et le socialiser, comme cela s'est souvent pratiqué.

- La mère a, envers l'enfant, un devoir de socialisation aussi important que sa fonction nourricière et la manifestation de son amour.

- Le père devrait être amical et protecteur plutôt que sévère. Les punitions humiliantes sont à proscrire, ainsi que les manifestations de puissance physique : l'enfant en conclurait que « la raison du plus fort est toujours la meilleure » et prendrait la leçon à son profit.

- L'exigence que l'enfant soit toujours le premier et la comparaison avec ses frères et sœurs sont causes d'anxiété et de découragement.

- Les parents ont une responsabilité dans la formation de la personnalité de leur enfant, puisque sa conduite est une réponse au style de dynamique familiale. Ils ne sont pas pour autant « coupables » s'ils rencontrent des difficultés. Adler encourageait la formation des parents, car leur tâche est difficile et, à son époque, ils ne l'apprenaient nulle part.

- L'éducation positive de chaque enfant va dans le sens d'une amélioration des relations humaines dans le monde.

Chapitre 8

Masculin-féminin ou le haut et le bas

Adler a témoigné d'un grand intérêt pour la psychologie des femmes, que Freud avait laissée dans l'ombre, psychologie qui se trouve intimement liée à une sociologie des sexes. Il y a consacré de nombreuses pages.

Si beaucoup de femmes sont continuellement mécontentes et si leur couple fonctionne mal, ce n'est pas parce qu'elles sont des « hystériques » mais parce qu'on leur impose un rôle social qui ne leur convient pas. En effet, dit-il, l'organisation des tâches, *décidée par les hommes,* et qui relègue les femmes à des travaux considérés comme inférieurs, crée « *une tension qui pousse l'ébranlement de leur harmonie psychique jusqu'à des perturbations très amples, ressenties de part et d'autre comme un tourment extrême* ». (C.H., p. 109)

Certes, on doit admettre que la division du travail est une des bases du progrès humain et que certaines activités conviennent mieux aux femmes, d'autres aux hommes, en accord avec leurs aptitudes physiques. Mais cela n'épuise pas la question, car la supériorité que s'arrogent les hommes n'a rien de naturel, c'est un fait de civilisation.

Il semble que le matriarcat ait préludé à toute autre forme d'organisation sociale : selon certains indices, dès la nuit des temps, le rôle important aurait été dévolu aux femmes :

> « *Le passage du matriarcat au patriarcat fut précédé de vives hostilités qui prouvent que l'homme n'a nullement possédé dès l'origine ces prérogatives qu'il se plaît à estimer tenir de la nature elle-même; en réalité, il lui a fallu les conquérir de haute lutte.* » (C.H., p. 111)

Et cela au prix, nous le savons, de l'asservissement de la femme. Sans doute les luttes entre tribus ont-elles permis à l'homme d'instituer la force physique comme fondement d'une hiérarchie sociale.

Si cet état de choses se perpétue, c'est que les enfants apprennent très tôt les normes en matière de sexe :

> « *C'est le plus souvent l'homme, le père, que l'enfant trouve en face de lui comme symbolisant la puissance. Ses énigmatiques pas et démarches excitent l'intérêt de l'enfant beaucoup plus que ce que fait sa mère. Il a vite remarqué le rôle prédominant imparti au père, qui donne le ton, formule des ordres, dirige tout; il voit comment chacun se soumet aux injonctions paternelles, comment la mère ne cesse d'en référer à celui qui décide en dernier ressort.* » (C.H., p. 110)

Même si la hiérarchie familiale n'est pas aussi poussée, l'enfant voit la famille reposer sur le père comme sur un chef, alors qu'en réalité, c'est seulement la division du travail qui permet à celui-ci d'étaler sa supériorité. Cette domination de l'homme sur la femme agit comme un dogme. Une fois marié, l'époux considérera qu'il accomplit son devoir en jouant le rôle prépondérant avec, bien souvent, la complicité de la femme elle-même. C'est comme *une loi non écrite* pour l'un et l'autre.

Une jeune fille, fait remarquer Adler, devrait toujours poser à son futur époux la question : « Que pensez-vous du principe de la primauté masculine dans la civilisation, en particulier dans le cadre familial ? » Sinon, prise au piège, elle combattra en vain, cherchant à dominer dès qu'elle en aperçoit l'occasion.

Les rôles sociaux sont ainsi déterminés dès que l'enfant grandit, qu'il accepte ou non de s'y plier. Par exemple, observe Adler, une fille se déguise volontiers en garçon, alors qu'un garçon refuse le plus souvent de se déguiser en fille. Ou s'il le fait, c'est parfois à ses dépens : un garçon de cinq ans qui s'était amusé à porter le soutien-gorge et la combinaison de sa mère s'était vu arracher ces symboles de féminité ; les parents m'avaient consultée, persuadés que leur garçon promettait de devenir homosexuel.

Adler aurait applaudi des deux mains à la magistrale étude d'Elena Gianini Belotti sur les rôles différents assignés aux enfants des deux sexes, que ce soit en famille ou à l'école, de façon *apparemment* spontanée[7].

Le garçon est donc poussé sans cesse vers un modèle de virilité qui n'a rien de « naturel », mais qui lui est présenté de toute part. Il en constate les exigences, mais aussi les privilèges, qu'il désire vivement acquérir à son tour.

Comme il avance vers l'âge adulte, la nécessité de correspondre au modèle devient pour lui de plus en plus impérative. Il a l'obligation pesante d'être viril à tout prix ; puisque la virilité est placée *en haut,* il se voit contraint à gravir cette échelle et à faire continuellement ses preuves. Il en tire trop d'avantages pour y renoncer mais s'épuise parfois en vains efforts.

Adler s'étonne que certains traits de caractère soient réputés « masculins », d'autres « féminins » sans qu'aucun fait fondamental ne justifie ces appréciations.

Les stéréotypes sont puissants et, malgré les travaux des sociologues[8] malgré le fait que les femmes accèdent à la supériorité dans de nombreux domaines, il suffit de parcourir aujourd'hui les catalogues publicitaires de jouets pour s'apercevoir qu'à nouveau les petites filles ont droit aux poupées et aux dînettes et les garçons aux autos et aux avions.

---

7. E. G. Bellotti, *Du côté des petites filles,* Éditions des Femmes, 1973.

8. Il a été démontré par des enquêtes que certains adjectifs sont attribués de façon automatique au *masculin,* d'autres *ea fëminin,* sans aucun substrat logique.

L'agressivité des femmes, leur demande souvent excessive de trouver chez leur compagnon plus qu'un protecteur, *un héros,* la concurrence professionnelle accrue des deux sexes, poussent l'homme de plus en plus à la performance – on peut voir alors certains pères de famille se muer en tyrans domestiques ou déserter le foyer, littéralement avalés par leurs tâches professionnelles. D'autres se contentent d'adopter des conduites dites « viriles » : grossièreté, brutalité, recours à l'alcool, ou, simplement, de s'installer dans la position confortable qualifiée par les féministes des années 1960 du terme de « machisme ».

Adler n'est pas tendre avec son propre sexe :

> « *Chacun sait ce qu'on entend de nos jours, d'un commun accord, par masculin ou viril. C'est avant tout quelque chose de simplement égoïste, qui satisfait l'amour-propre, la supériorité sur autrui, la primauté, tout cela à l'aide de certains traits de caractère apparemment actifs comme le courage, la force, la fierté, l'obtention de victoires de toutes sortes, en particulier sur les femmes, l'accès à des fonctions, à des honneurs, à des titres.* » (C.H., p. 113)

Voilà le modèle idéal proposé au garçon, qui devra compter avec l'angoisse de ne pas être *assez homme,* assez viril. Adler nous décrit, à plusieurs reprises, le cas de jeunes hommes qui ont rompu leurs fiançailles, éventuellement à cause de l'apparition de symptômes morbides, ou qui ont amené leur fiancée à rompre en la traitant de façon tyrannique. Mieux vaut, selon eux, renoncer à l'amour que de subir l'épreuve de la domination féminine ou de s'exposer, par exemple, à la découverte d'une impuissance sexuelle. Ainsi, déplore Adler, ces hommes passeront vingt ans à fuir le mariage et vingt autres années à le regretter…

- C'est le cas d'un de ses patients dont le développement viril avait particulièrement tardé. De dix à dix-sept ans, cet individu avait souffert d'être petit, puis de ne voir apparaître aucun poil de barbe et d'avoir gardé une voix enfantine. Il en conçut la nécessité de démontrer clairement qu'il était un homme véritable et la domination qu'il exerça sur son épouse fit rompre la vie commune. Le fait était d'autant plus étonnant que l'évolution physique avait fini par se produire et que, lors de son mariage, c'était un homme d'une trentaine d'années en pleine possession de sa virilité. Mais les souffrances qu'il avait endurées demeuraient vives, l'incitant à renforcer par tous les moyens, même parfaitement inutiles et inefficaces, l'affirmation de son sexe.

La fille, elle, assiste impuissante à cette « éducation virile » :

> « *Une fillette entend pour ainsi dire journellement, avec mille variations, que ses pareilles sont des incapables.* » (C.H., p. 116)

Ne nous croyons pas si éloignés de ces stéréotypes : il n'y a pas si longtemps que les plaisanteries fusaient sur le thème de « la femme au volant » ; or, de récentes statistiques démontrent que les femmes conduisent... mieux que les hommes !

Adler s'élève contre tous ceux qui considèrent la femme soit comme simplement inférieure, soit comme source de déchéance et de désastre pour l'homme ; il cite Dalila, la belle Hélène, la Lorelei, Strindberg et Schopenhauer. Plus concrètement, il constate que les femmes, lorsqu'elles ne se découragent pas, remportent autant de succès que les hommes. Pourtant, à diplôme égal, elles obtiennent des positions moins élevées. Elles reçoivent des salaires inférieurs pour des travaux équivalents : passons pudiquement sur ce sujet, plus de soixante ans se sont écoulés et le même constat est fait sans que des solutions aient été trouvées, à part une notion artificielle de « parité » qui est loin d'avoir fait ses preuves !

Adler va au-delà. Il fait état d'une observation sur un groupe de jeunes filles âgées de quatorze à dix-huit ans : à un examen probatoire, celles qui avaient les meilleures notes étaient celles dont la mère exerçait une profession indépendante. Ces jeunes filles, voyant leur mère poursuivre une activité assidue qui lui donnait une véritable satisfaction, se développaient en toute liberté, sans avoir à imiter l'autre sexe.

Désertion du rôle féminin

Dès le plus jeune âge, l'enfant est confronté à des stéréotypes qui signifient clairement que l'homme est supérieur à la femme. La différence entre un homme et une femme rejoint la notion de « haut » et de « bas ». Pour s'élever, il faut parvenir à être *comme un homme*. Il est toujours préférable d'appartenir au « sexe fort » qu'au « sexe faible ».

Évoquant son père, Charlie Chaplin, Joséphine Chaplin livre deux souvenirs qui l'ont particulièrement marquée : d'une part, il encourageait ses enfants à l'humilité, « *à ne pas vouloir paraître plus qu'ils n'étaient* ». D'autre part, lorsqu'elle lui demanda conseil avant de s'engager dans le cinéma, il lui dit : « Joue comme si tu étais un homme. » Il ne s'agissait pas d'un quelconque sexisme mais d'une parole positive, puisqu'elle lui donna de *l'assurance* sans mettre en question sa féminité. On pourrait paraphraser ce conseil : « Joue comme si le fait d'être une femme ne créait en toi aucun sentiment d'infériorité. »[9]

---

[9]. La femme a prouvé son talent créateur en danse et en art dramatique. Adler attend avec confiance qu'elle s'affirme aussi dans les autres arts.

Lorsque le rôle assigné à la femme est trop ingrat, elle « déserte », dit Adler. Elle peut réagir de plusieurs manières, par exemple se donner à elle-même un idéal masculin, grimper aux arbres plutôt que jouer à la poupée, négliger les travaux d'aiguille pour le sport. Être un « garçon manqué » attire une certaine réprobation sans être aussi humiliant que, pour un garçon, d'être traité de « fille manquée ».

Certaines jeunes filles s'accomplissent en tant que championnes sportives, par exemple, et y trouvent leur épanouissement à condition qu'il s'agisse d'un goût véritable. Il arrive aussi qu'elles refusent l'amour et le mariage, non par conviction, mais parce qu'elles redoutent la domination masculine ; ou bien, s'étant mariées, elles déséquilibrent leur couple en prenant une position dominante.

La plupart du temps, les femmes gardent des traits féminins, ceux qui leur ont été inculqués par leur éducation, tout en manifestant de façon détournée leur **protestation virile** : défense acharnée de *leur* cuisine, interdite au mâle, jalousie possessive, refus de relations sexuelles, adultère… Il leur arrive aussi de cultiver une hyperféminité : elles domineront leur partenaire par la séduction, le domestiqueront. Adler donne le nom de « gynécocratie » aux manœuvres de coquetterie destinées à humilier le mâle.

Le sentiment d'infériorité d'une épouse, qui, poussé au paroxysme, peut mener jusqu'au crime passionnel, lui inspire généralement des critiques acerbes envers son mari en particulier et envers les hommes en général (« Ce sont *tous* des brutes et des égoïstes », expliquait une mère à sa fille). Il est difficile à un médecin *homme* de soigner ces femmes, note Adler, surtout s'il n'est pas suffisamment averti, car elles s'efforceront de le mettre en échec en tant que représentant de la gent masculine.

Et puis, il y a ces femmes qui semblent accepter de bon gré leur position subalterne mais que l'on retrouve parmi les malades chroniques. La maladie leur permet d'échapper aux tâches ménagères. Celles, enfin, à la limite de la pathologie, qui y investissent au contraire toute leur énergie au point de tyranniser leur entourage. La fureur qui les pousse à récurer sans cesse meubles, parquets, vaisselle, leur permet à la fois de valoriser des travaux pour lesquels elles ne reçoivent guère d'éloges, de se montrer supérieures aux ménagères moins accomplies et de dominer leur mari, qui ne doit entrer dans la maison qu'en glissant sur des patins de feutre. La *maladie du nettoyage* est paradoxalement le signe qu'une femme est en guerre contre son rôle féminin.

On peut assister avec amusement à cette petite comédie qu'est souvent la transmission d'une recette de cuisine ; la ménagère « oublie » un ingrédient de son plat ou déclare que les proportions ne se mesurent pas, se devinent « au pif », ou même carrément qu'il n'y a pas de recette. Elle conserve ainsi le mystère de sa propre excellence, aussi important pour elle qu'un secret atomique.

Adler plaide non seulement pour une activité professionnelle de la femme, si elle le désire, mais aussi pour sa liberté vis-à-vis de la maternité : elle ne devrait donner le jour à des enfants que si elle le désire, donc pouvoir avorter en cas de grossesse non désirée ; il y faut certes un cadre médical et psychologique, une certitude que la femme veut absolument cette interruption de grossesse et que celle-ci ne rencontre pas de contre-indication médicale, mais, ceci avéré, aucune femme n'aura recours à une « faiseuse d'anges ». C'est en toute sécurité, *à l'hôpital* et *gratuitement,* qu'elle doit être admise. Il aura fallu près d'un demi-siècle après les travaux d'Adler pour qu'en France les femmes conquièrent ce droit.

On ne saurait nier qu'une certaine libération des femmes se soit produite. Certaines prises de conscience ont modifié la conception traditionnelle de la virilité, de la féminité et du rôle dévolu à chaque sexe. Nous en avons vu les avancées, en particulier l'entrée de femmes dans des professions autrefois réservées aux hommes, soit exceptionnellement (femmes-soldats, femmes-pompiers, élèves de Polytechnique…) soit massivement (enseignement, médecine, droit…).

Pourtant, Adler le souligne, la notion de masculin-féminin a des racines beaucoup plus profondes que celles de l'organisation sociale. Est transmise de génération en génération une :

> « *Évaluation des valeurs profondément ancrée dans l'âme du peuple, sentiment qui a toujours éveillé l'intérêt des poètes et des penseurs et qui impose, de façon forcée, mais en concordance avec notre vie sociale, une symbolisation des formes et apparences de la vie sociale dans leurs aspects, masculin ou féminin. Ainsi se présente à l'enfant, dans ses détails parfois divergents mais toujours comme masculins, la force, la grandeur, la richesse, le savoir, la victoire, la brutalité, l'activité, alors que leurs contraires sont considérés comme traits féminins.* » (P.T., p. 38) Ces traits sont « *une attitude passive, la docilité, la mollesse, la lâcheté, le souvenir de la défaite, l'ignorance, l'incapacité, la tendresse* ». (P.T., p. 50)

Lors de son travail clinique, Adler a eu sans cesse affaire à la « protestation virile » des femmes et à leur recherche de compensation. Il montre, chez ces femmes, une forte tendance, claire ou déguisée, à déprécier les hommes. Mais les hommes, sans cesse poussés à manifester leur virilité, se méfient de l'emprise des femmes et tentent d'affirmer leur supériorité en les dépréciant à leur tour. Adler rattachait à ces sentiments de crainte et de mépris le choix de l'homosexualité masculine, qui était alors considérée comme une anomalie de nature physiologique.

Le dilemme non résolu : féminité = bas, masculinité = haut, met en danger le couple et la famille. Outre les entretiens individuels, c'est un changement de société qui permettrait de sortir de cette impasse, mais les lois – nous le voyons encore aujourd'hui –, ne sont opérantes que si les mentalités se transforment.

L'opposition **haut-bas** est une notion archaïque. Adler la fait remonter à l'époque où l'homme commença à se tenir debout. Il aurait alors conçu le haut comme répondant à son désir de s'élever, de voler, de faire l'impossible, à moins qu'il n'ait jugé ce qui appartient à la tête plus important que ce qui appartient aux pieds. Quoi qu'il en soit des origines, on a constamment retrouvé « en haut » le ciel, les dieux, la clarté, le bien, mais aussi le masculin ; en bas, le gouffre, les Enfers, la nuit, le Mal... et le féminin.

Adler évoque un homme dominateur qui se déprima soudain, ce qui lui permit de *traverser cette terre comme un reproche vivant à l'égard de la femme.*

La vie de couple est très souvent une lutte au lieu d'une collaboration.

> « *Chacun des amants cherche à affirmer ses principes. On dirait que chacun se trouve devant une énigme qu'il cherche à résoudre par tous les moyens* [...] *La lutte pour la puissance ne peut agir sur eux que de façon dissolvante.* » (T.N., p. 151)

L'amour pour une personne, qui devrait lui permettre d'affirmer pleinement sa personnalité, se manifeste, le plus souvent, par des exigences contraires, comme si l'on disait « Je t'aime, sois donc comme je veux que tu sois. »

Dans *Pratique et théorie de la psychologie individuelle comparée,* Adler nous livre une curieuse étude sur la prostitution, où il montre comment chacun des trois partenaires, client, souteneur, prostituée, y trouve un moyen de prestige et de domination sur les deux autres.

L'éducation sexuelle à l'école

Parmi les éléments de solution à cette « guerre des sexes », Adler suggère la mixité à l'école, qui n'était pas acquise de son temps. Il admet qu'elle présente des inconvénients tels que la maturité plus précoce des filles ou la timidité des garçons à leur égard, mais cet obstacle peut être levé si l'on substitue l'esprit de *coopération* à celui de *compétition*. Garçons et filles s'habitueront à travailler ensemble et à s'apprécier sans préjugés.

Notons que les écoles expérimentales adlériennes, parmi les nombreux débats qu'elles offraient aux élèves, n'hésitaient pas à inclure une information sur la sexualité, sujet tabou entre tous. Cette éducation sexuelle était dispensée avec tact et adaptée à chaque cas : on ne fournissait des explications à l'enfant que s'il les réclamait et on lui donnait des réponses adaptées à sa compréhension. « *On ne doit pas perdre de vue,* note Adler, *qu'il est injuste que les enfants soient tenus plus longtemps qu'il ne le faut dans l'ignorance du rôle de leur sexe.* »

Il cite des cas où l'enfant n'est pas certain de son propre sexe, où des filles de :

> « *Huit, neuf, dix, douze ou même quatorze ans* […] *imaginent toujours que, d'une manière ou d'une autre* (éventuellement en adoptant des activités viriles), *elles peuvent encore se transformer en hommes.* » (P.T., p. 337)

Ces cas ne sont pas anecdotiques. Adler en a tiré une théorie originale et complexe, *l'hermaphrodisme psychique*. Du moment que tout ce qui est faible, inférieur, dépendant, passif, soumis est rattaché à la notion de *féminin* et tout ce qui est fort, actif, indépendant, supérieur à la notion de *masculin,* l'enfant est habité par une notion subjective des deux sexes et pris de doutes sur son futur rôle sexué. Des questions angoissantes se posent à lui : « Suis-je bien un garçon ? », « Suis-je bien une fille ? », « Est-ce pour toute la vie ? » Cette incertitude se double d'une hypersensibilité à tout échec de l'affirmation virile.

Ce n'est pas seulement chez le garçon mais *chez les deux sexes* qu'on voit s'installer cette urgence d'apparaître comme un « vrai mâle », urgence accompagnée d'un doute paralysant qui s'étend à tous les actes de la vie. Les symptômes névrotiques sont des tentatives pour éviter d'avoir à résoudre ce problème du rôle sexué, que certains auteurs ont appelé *complexe de castration*.

Quant à la sexualité vécue, quant aux symboles sexuels exprimés dans les rêves, Adler n'en a jamais nié l'importance, mais, contrairement à Freud, il a toujours considéré que ces éléments étaient évoqués à titre de *métaphores,* signifiant, au-delà des rapports sexuels proprement dits, l'interrogation sur l'être masculin et l'être féminin.

> Les situations sexuelles apportées en analyse « *ne doivent être considérées que comme un modus dicendi, une sorte de jargon et de mode d'expression imagé, la force, la victoire, le triomphe s'exprimant par des symboles empruntés à la sexualité masculine, la défaite étant représentée par des symboles sexuels féminins* ». (T.N., p. 199-200)

Freud donnait aux névroses une étiologie sexuelle. La présence d'un pénis chez le garçon, son absence chez les filles entraînerait pour l'un la peur de la castration, pour l'autre *l'envie du pénis,* comme si cette castration avait été accomplie. La masturbation, l'homosexualité, le fétichisme, l'hypersexualité, le donjuanisme répondraient à ce « complexe de castration ». Cette explication biologique ne satisfaisait pas Adler : pour lui, la sexualité n'était qu'une part de l'expérience humaine ; celle-ci a bien d'autres sources. L'affirmation ou la fuite par rapport à la sexualité ne sont que des réponses au sentiment d'infériorité. Si le névrosé utilise le vécu sexuel dans sa course à la supériorité, c'est qu'il lui procure une source d'énergie émotionnelle.

La vieillesse

Adler s'est penché à plusieurs reprises sur le problème des personnes vieillissantes. Si Goethe a donné l'image d'une vieillesse rayonnante, dit-il, peu d'individus gardent une telle sérénité lorsqu'ils approchent de la « vallée de la mort ».

Il y a un âge où l'on peut se sentir inutile, dépossédé, abandonné au bord de la route par les générations montantes, où le « sentiment de personnalité », la confiance en sa propre valeur subissent de rudes attaques.

> De plus, la peur de la mort n'effraye pas « *celui qui est convaincu de son immortalité dans l'image de ses enfants et dans la conscience de sa contribution à la civilisation croissante. Mais, très souvent, la peur d'un anéantissement absolu s'extériorise par une déchéance physique rapide et un ébranlement psychique* ». (S.V., p. 49)

Ce problème touche particulièrement les femmes, qui craignent d'être dédaignées lorsqu'elles ont perdu l'éclat de la jeunesse :

> « *On trouve souvent les femmes particulièrement frappées par leur superstition des dangers de la ménopause. Celles surtout qui estiment la valeur de la femme non pas d'après le degré de la coopération, mais d'après la jeunesse et la beauté, souffrent d'une façon extraordinaire, adoptent souvent une attitude hostile, comme pour se défendre d'une injustice, et tombent dans un état de dépression qui peut aboutir à une mélancolie.* » (S.V., p. 49)

La vie peut devenir très difficile également pour des femmes qui, ayant été belles et courtisées, n'ont connu aucune relation vitale basée sur autre chose que des rapports de séduction.

Mais la peur de l'impuissance inquiète aussi les hommes. Pour les uns comme pour les autres, la diminution de certaines facultés physiques et mentales, l'isolement social, le sentiment d'insécurité, la dispersion de la famille, constituent des épreuves d'autant plus difficiles que leur vie a eu un parcours plus perturbé. Comme la société contemporaine juge la valeur des personnes sur leur parcours professionnel, une perte d'emploi ou une mise à la retraite menacent gravement l'individu :

> « *La situation réelle des personnes âgées est très menacée dans notre société, qui ne juge la personnalité que d'après la qualité et la valeur du travail. […] Le suicide constitue la dernière expression de la protestation virile dans la vieillesse. Quant à la mélancolie, elle apparaît dans beaucoup de cas comme un acte de vengeance.* » (T.N., p. 115)

On assiste fréquemment, pendant cette période de la vie, à des « explosions de phénomènes névrotiques ». L'envie, l'avarice, l'agressivité de certaines personnes âgées s'accroissent en raison de leur *insécurité*. Un égoïsme rancunier peut s'installer. Adler ajoutait – ce qui n'est plus vrai aujourd'hui sauf dans des milieux très conventionnels – que, si elles cherchaient à lutter en manifestant des désirs, des activités nouvelles et originales, elles choquaient leur entourage.

La vie d'épouse qui précède la vieillesse risque déjà d'être mal vécue ; les troubles généralement attribués à la ménopause ne s'installent, le plus souvent, que sur un terrain fragile, où ils ne font que s'aggraver. De nombreuses femmes ont envisagé la vie du foyer comme un épouvantail :

> « C'est *la perspective de la soumission à un homme, celle de donner naissance à des enfants, de jouer dans la vie un rôle subordonné, d'être inférieure par le savoir, le pouvoir, par la force et par la sagesse, d'être faible, d'avoir des menstrues, de se sacrifier au mari, aux enfants, de devenir une vieille femme avec laquelle on ne compte pas.* » (S.V., p. 47)

Adler s'en indigne :

> « *La manière inhumaine dont notre société traite la femme vieillissante est un des chapitres les plus tristes de l'histoire de notre civilisation.* » (P.T., p. 97)

Écrit-il, et encore :

> « *Le fait d'être une femme ne s'est pas éteint quand survient la cinquantième année ; la dignité humaine subsiste au-delà de cette étape, nullement amoindrie, et il faut qu'elle soit garantie.* » (C.H., p. 127)

🔍 Synthèse

- Un grand nombre de couples se délitent parce que la femme est insatisfaite de son sort, considéré comme inférieur. Le matriarcat semble avoir précédé le patriarcat, institué par les hommes, non sans lutte, pour obtenir prestige et privilèges.

- Le garçon est encouragé à être « viril », c'est-à-dire dominant, et à dominer tout particulièrement sa femme. C'est parfois pour lui un défi angoissant

- Les femmes qui ont une activité professionnelle intéressante donnent à leurs filles un modèle plus positif que celui des femmes au foyer et atténuent les préjugés inculqués à leurs fils.

- La femme peut manifester une « protestation virile » et s'adonner à un style de vie masculin, elle peut aussi se décourager, se détourner des hommes ou encore se livrer aux tâches ménagères avec un perfectionnisme voisin de la névrose qui lui permettra d'asservir son entourage.

- La coéducation des garçons et des filles à l'école serait un début de solution à cette emprise des stéréotypes masculin et féminin.

- La vieillesse est une épreuve sociale qui touche les deux sexes, mais les femmes encore plus que les hommes.

Chapitre 9

La place dans la fratrie

L'étude de la fratrie est une contribution originale d'Alfred Adler à la psychologie. L'importance qu'il attachait au « sentiment social » le portait à analyser en profondeur cette mini-société où un enfant vit ses premières années – ou l'absence d'une telle société si l'enfant est unique. Il s'y adonna avec d'autant plus d'intérêt que Freud s'y était peu attaché et que le terrain était quasi vierge pour les psychologues sinon pour les écrivains.

Adler élabore une caractérologie correspondant au *rang dans la fratrie*. Il existe en effet des traits récurrents qui semblent appartenir à la position qu'y occupe l'enfant :

> « *Si nous possédons une expérience suffisante,* écrit-il dans *Connaissance de l'Homme, nous saurons reconnaître si tel sujet est l'aîné, le plus jeune, l'unique etc.* » (C.H., p. 131)

Adler, c'est évident, n'oublie jamais que l'être humain est le véritable créateur de sa vie et que toute hypothèse doit être passée au crible de l'observation. La place de l'enfant dans la fratrie n'agit pas comme une influence directe sur sa personnalité, mais à travers l'opinion qu'il s'en fait. Par exemple, un aîné peut s'estimer attaqué par la concurrence des suivants et se montrer agressif ou concevoir son rôle comme celui du protecteur des plus jeunes. Un cadet peut agir à la manière d'un aîné si le véritable aîné est handicapé mental.

La structure familiale joue aussi son rôle : s'agit-il d'une fratrie de deux enfants ou est-ce une famille nombreuse, voire très nombreuse ? Comment y sont répartis les filles et les garçons ? N'y a-t-il que des filles ? Que des garçons ? Une seule fille parmi des garçons ou l'inverse ? S'il existe un écart important entre deux naissances, il arrive qu'il se constitue deux groupes et qu'un troisième ou quatrième enfant occupe une place d'aîné vis-à-vis des plus petits. Tout cela complique nécessairement le jeu des alliances et des rivalités.

L'aîné détrôné

L'aîné de fratrie occupe une position particulière, qui a été valorisée pendant des siècles par un statut privilégié : jeune noble destiné à porter le titre ou fils de fermier héritant de l'exploitation agricole. Même si ce rôle était moins affirmé au sein des classes moyennes, il arrivait souvent (et il arrive encore) qu'un père compte sur son fils aîné pour l'aider dans ses travaux, éventuellement lui succéder, qu'il établisse avec lui une sorte de complicité, comme s'il insinuait :

> « *Tu es le plus grand, le plus fort, il te faut donc être plus avisé que les autres.* » (C.H., p. 134)

Le cas de la fille aînée est assez différent, mais, pour l'un comme pour l'autre, l'expérience primordiale est *d'avoir été détrôné*.

Adler n'hésite pas à caractériser la naissance du second comme une « tragédie » pour l'aîné. Il décrit de façon dramatique ce « détrônement » :

> « *L'aîné vit une véritable tragédie au moment de la naissance du cadet* […] *Un signe avertisseur apparaît dans son psychisme et lui dit :* "*Ce nouveau venu va tout accaparer*" » (E.D., p. 122-123), y compris, et plus que tout, l'amour parental.

La seconde naissance se produit souvent avant que l'aîné atteigne deux ou trois ans. Plus le premier est petit, moins il peut symboliser par des paroles les impressions violentes qu'il ressent, haine, désir de supprimer l'intrus. Son agressivité s'exprimera souvent par un geste brutal à demi-volontaire ou par une conduite symbolique, comme de casser un jouet appartenant au cadet.

Adler cite le cas extrême (fort heureusement exceptionnel !) d'une fillette de cinq ans qui se comportait gentiment avec sa sœur de trois ans mais noya successivement trois petites filles de cet âge en les poussant dans une rivière. Surprise quand elle précipitait à l'eau la troisième, elle avoua les meurtres.

Il est évident que les parents doivent protéger le cadet, mais une attitude trop sévère envers l'aîné renforcera chez lui le sentiment qu'on l'aime moins, d'où un cercle vicieux.

Il arrive à l'aîné, même s'il est profondément jaloux, de faire un autre choix : il se montre affectueux avec le bébé, participe avec zèle aux soins qu'on lui prodigue. Si cet empressement semble excessif, il faut y voir une « formation réactionnelle », défense que l'enfant érige contre sa propre agressivité[10]. Lorsqu'on le voit embrasser le cadet en le serrant à l'étouffer, l'ambivalence est claire. Plus fréquemment, l'aîné se montre soudain irritable, énurétique, ou autres traits qui lui valent un regain d'attention de la part des parents.

Adler remarquait, chez beaucoup d'aînés, une tendance à la nostalgie, un certain pessimisme quant à l'avenir et un caractère conservateur. Nombre

---

10. La formation réactionnelle est l'un des mécanismes de défense décrits par Freud : par exemple, une personne qui se montre scrupuleusement honnête en toutes circonstances et le fait savoir (« Moi, je n'ai jamais volé un sou »), répond au sentiment inconscient que, si elle se laissait aller, elle serait capable de n'importe quel délit. En se rassurant sur sa propre honnêteté, elle manifeste aussi son désir de supériorité sur les gens moins scrupuleux.

d'entre eux, dit-il, se voient dans des postes de direction ou d'enseignement, où ils ont l'occasion de montrer leur valeur de façon positive. Mais ils fournissent aussi un contingent important d'enfants à problèmes.

Adler a toujours vivement recommandé aux parents de préparer leur enfant à la naissance du suivant, ce qui, à son époque, n'allait pas de soi, les enfants étant censés tout ignorer de la sexualité, de la procréation et rester aveugles à la grossesse de leur mère.

Il comptait donc sur l'école pour informer l'enfant. À la famille revenait cependant la tâche de le préparer dès le plus jeune âge à la coopération sociale, qui faciliterait les rapports dans la fratrie. Si l'aîné souffre généralement plus que les autres de la naissance suivante, c'est qu'ayant vécu seul avec ses parents, il n'a pas suffisamment acquis les réactions qui rendent acceptable la promiscuité entre égaux. Il convient donc d'encourager l'aîné à rencontrer d'autres enfants, de l'habituer à respecter les règles des jeux et à donner au lieu de seulement recevoir.

La naissance du puîné n'est pas la seule difficulté que rencontre un premier-né : comme l'enfant unique, il « essuie les plâtres », les parents manquant de maturité, d'expérience et se montrant souvent trop exigeants.

Le cadet

Dans une société où le « droit d'aînesse » ne le menace plus dans ses ambitions, la place du cadet est assez favorable : il a d'emblée un camarade de jeu, un modèle stimulant pour accroître ses performances, éventuellement un protecteur à l'école.

Mais ce tableau idyllique se développe rarement sans heurts, car il faut compter avec les réactions de l'aîné lorsqu'il se sent talonné par le second.

Le cadet est *un coureur ayant à gagner l'enjeu de la vie*. Le fait qu'un autre le devance et se valorise agit sur lui comme un aiguillon. « Je suis triste, confiait un enfant à Adler, parce que je ne serai jamais aussi âgé que mon frère. » La compétition est souvent plus acharnée lorsqu'il s'agit de deux enfants du même sexe. Dans la Genèse, le premier événement important après la chute est le meurtre d'un cadet par l'aîné jaloux. On voit plus tard un autre cadet, Jacob, prendre par la ruse la place de son aîné.

L'aîné de fratrie, dans la vie, est souvent caractérisé par son intolérance vis-à-vis des rivaux. Quant au cadet, nous dit Adler, c'est un « agité ». Il ne cesse de courir après l'aîné et rêve souvent qu'il va manquer le train. S'il réussit à rattraper son frère, il a des chances de conserver son dynamisme et de se développer harmonieusement. Mais ce n'est pas si simple : un sentiment de culpabilité peut l'envahir si l'aîné présente des symptômes de découragement, perd toute confiance en soi et se forge, en guise de revanche, un but fictif qui le mène dans des chimères.

On trouve souvent des cadets dans les mouvements révolutionnaires, car le cadet a tendance à se rebeller contre les figures d'autorité.

Il arrive aussi que l'aîné défende chèrement sa place. C'est le second, dans ce cas, qui risque de se décourager : il aura tendance à se retirer de la lutte, à se déprécier ou, plus positivement, à transférer son énergie dans les domaines où il ne se sent pas écrasé par la concurrence.

Souvent, si l'un des enfants est défavorisé, l'autre en profite. Un cadet peut devenir d'autant plus brillant à l'école ou nouer de nombreuses camaraderies si son aîné est un élève médiocre ou s'il a du mal à se faire des amis. L'hyperactivité de l'un peut entraîner la passivité de l'autre. Un atout comme la beauté, possédé par une fillette, peut se révéler source de découragement pour sa sœur.

> *« Lorsque nous entendons parler de deux frères où l'aîné se développe bien et est imbattable, le cadet est généralement un enfant difficile. Si c'est le cadet qui avance bien, suit facilement son aîné ou même le menace dans sa position, c'est l'aîné qui deviendra un enfant difficile. »* (B.D., p. 181)

Il s'agit quelquefois d'une stratégie du cadet qui, voyant son aîné aux prises avec la discipline familiale, adopte le rôle de l'enfant sage, obéissant, serviable, rôle qui lui assure toutes les louanges. C'est lui qui sera cité en exemple à son aîné et non l'inverse – quelle revanche ! *Comportements opposés, même but* pour les deux enfants : obtenir l'attention des parents.

Dans les familles nombreuses, chaque enfant, sauf l'aîné, peut se conduire vis-à-vis du précédent comme un cadet et suivre le même schéma. Une constellation particulière est fréquente : l'aîné, qui a souffert de la naissance du second, accueille le troisième avec plaisir, comme une revanche, et noue avec lui une relation privilégiée qui laisse le second à l'écart.

Si l'histoire de Caïn et d'Abel nous présente, dans leur crudité, les sentiments de haine qui peuvent germer dans le cœur de l'aîné, celle d'Esaü et Jacob offre une image très différente : dans un premier temps, Esaü, furieux de voir son frère prendre son titre et son héritage, le chasse du pays. Jacob y reviendra mûri après quatorze ans de dur labeur pour obtenir la femme qu'il aime. Menant sa famille, ses serviteurs et ses troupeaux, il s'approche prudemment de la frontière, persuadé d'avoir à mener une bataille, mais, ô surprise ! Esaü accourt au-devant de lui et les deux frères tombent dans les bras l'un de l'autre. Ils partageront terres et bétail. Bel exemple de coopération fraternelle.

Il n'y a donc pas, dans la Bible, que des tragédies... !

Le benjamin

Le benjamin d'une fratrie a toujours intéressé les mythologues et conteurs. Il est le plus petit, le plus faible, celui qui a du mal à s'imposer dans la conversation ou dans les jeux ; à ce désagrément s'ajoute la jalousie qu'il provoque chez les autres, car il obtient des parents une protection particulière. Envié pour ses privilèges, nié dans ses capacités, il peut « laisser aller » la situation telle qu'elle se présente, profiter des attentions que lui confère sa position de « plus petit » de la famille et s'habituer à tout recevoir sans rien donner.

Adler fait remarquer que les benjamins venus à sa consultation se comportaient comme s'ils avaient été humiliés, comme s'ils étaient venus au monde avec des « organes faibles », même si ce n'était pas le cas. La psychologie des « petits derniers », nous dit-il, est extraordinairement compliquée. Opprimés du fait qu'ils sont les plus petits, ils désirent toujours être plus grands, ce qui les met sous pression ; ils ne supportent pas les réflexions ou les incidents qui se rapportent à leur petite taille. D'où un double mouvement qui les pousse soit au retrait, soit à des ambitions agitées et incessantes. La proportion entre les deux tendances est variable, compliquant le tableau, et elles peuvent aussi se manifester de façon alternative.

Lorsque le benjamin ne se sent pas reconnu, lorsqu'on ne lui laisse aucune initiative, il peut se rebiffer :

> « *Ne se contentant que de la meilleure situation,* [il sera] *toujours porté à sauter plus haut que les autres.* » (C.H., p. 132)

S'il n'y parvient pas, il perd toute confiance en lui-même, il devient prudent et résigné. Certes, il ne manque ni de modèles, ni de stimulants, mais la lutte qu'il doit mener contre des aînés jaloux de leurs prérogatives est ardue : il lui faut accomplir des prouesses.

Le thème est inépuisable dans les contes et les légendes, qui ont fait la part belle aux benjamins : voyez le Petit Poucet, à la fois le plus clairvoyant des sept frères et le plus brave, lui qui, dans la forêt nocturne, console et encourage ses aînés en pleurs ! Nous sommes loin du petit qui a peur dans le noir et supplie qu'on lui laisse une veilleuse ; notre benjamin se voit promu, en quelque sorte, au rang d'aîné. Il s'est également montré plus fort que les parents et il sera plus malin que l'ogre... C'est lui, symboliquement, qui chaussera les bottes de sept lieues. Voilà renversée la situation due à la hiérarchie des âges. Dans d'innombrables contes, c'est le troisième fils d'un roi, d'un artisan, d'un paysan (ou leur troisième fille, parfois déguisée en homme, exaltant ainsi sa propre valeur), qui réussit l'exploit là où les aînés ont échoué, et qui s'achemine vers le destin le plus brillant.

La Bible nous parle de *Joseph vendu par ses frères*. Jaloux, ils le jettent au fond d'une citerne, puis, grâce à l'intercession de l'aîné, Ruben, un peu moins brutal que les autres, il est vendu à des marchands égyptiens. Devenu conseiller du pharaon, couvert d'honneurs, il sera, au final, le sauveur de toute sa famille dans une période de disette. Tel est le rêve du benjamin.

Si l'on examine la légende de plus près, on voit, contrairement à ce qu'écrit Adler, que Joseph n'est pas le benjamin de la famille, mais seulement le plus jeune du groupe des « grands », qui ne sont que ses demi-frères. Le véritable benjamin est… Benjamin, origine du nom commun. Dans la suite de l'histoire, Joseph est appelé à une situation idéale où il domine ses frères et même son propre père par sa puissance, mais aussi par sa générosité, cependant qu'il se montre tendre et protecteur envers Benjamin, né de la même mère que lui. Il est intéressant aussi de noter que la famille de Joseph accepte d'abord ses bienfaits *sans le reconnaître* : il est devenu un autre homme, un héros.

Lorsque le dernier-né ne parvient pas à rompre sa carrière d'humilié, d'opprimé, lorsqu'il se décourage, il devient souvent, constate Adler, « amer, vaniteux, mauvais compagnon pour autrui ». Sa situation peut encore s'aggraver si, après avoir été un certain temps le petit dernier particulièrement choyé, il voit un nouvel enfant arriver au foyer. Il perd alors son dernier privilège.

Adler, au cours des consultations qu'il donna au conseil de révision pendant la guerre, disait pouvoir repérer, aux traits du visage, les derniers-nés :

> Leur physionomie reflétait « *soit une ambition agitée et incessante, soit le désir de s'échapper* ». (P.T., p. 190)

Il est important de faire comprendre au « petit dernier » qu'il peut fort bien développer ses qualités personnelles sans s'épuiser dans cette inutile compétition avec les autres. Car il y a un avantage à sa position : il échappe aux tensions exacerbées qui se produisent entre les aînés. Il peut donc tirer son épingle du jeu et se vouer aux tâches qui l'attirent. Souvent, il choisit un domaine d'étude étranger aux autres membres de la famille, par exemple, des études scientifiques dans une lignée purement littéraire. C'est une manière positive de montrer sa propre valeur. On compte ainsi, parmi les benjamins, des personnalités remarquables.

L'enfant unique

Spéciale est la position de l'enfant unique, qui porte à lui tout seul l'amour et les exigences des parents ainsi que leurs inquiétudes. C'est souvent un poids excessif, source d'un sentiment d'infériorité écrasant : comment être à la hauteur de telles espérances, lorsqu'elles ne sont pas réparties au sein d'une fratrie ? De plus, il est trop souvent un centre d'attention et tendra à rechercher toujours dans la vie cette place privilégiée.

L'enfant qui n'a ni frères ni sœurs et ne vit, à la maison, qu'avec des adultes, peut en concevoir un sentiment d'incapacité plus lourd encore que celui du benjamin, car il n'y a pas d'intermédiaire entre lui et les parents, dont le modèle lui paraît inaccessible ; pas d'aînés qu'il pourrait espérer « rattraper ». D'autant que l'enfant unique est souvent surprotégé par une mère que hante la peur de le perdre.

> Adler nous expose ainsi le cas d'un enfant unique de sept ans dont on se plaint à l'école : il dénigre sans cesse les autres et affirme sa propre supériorité, au point de déclarer qu'il n'a plus besoin d'aller en classe puisqu'il sait tout ce qu'on y enseigne... !
> Cet enfant vit avec une mère très jeune qui habite chez ses frères et sœurs, le père étant fréquemment en voyage à l'étranger. Voilà un enfant qui partage son temps avec plusieurs adultes et s'entend dire à tout moment qu'il est trop petit pour faire ceci, ou pour comprendre cela. La mère confirme son sentiment de dépendance et d'incapacité en le couvant et il cède à la facilité d'être toujours aidé et protégé par elle. À l'école, il compense la situation en cherchant à se faire valoir ; son manque d'expérience d'une vie communautaire le rend timoré, là où la présence d'une fratrie, si houleuse soit-elle, permet à un enfant de développer son sens social ou, du moins, les stratégies nécessaires pour être accepté dans un groupe.

L'enfant unique a donc un défi à relever. S'il n'est pas découragé, il est souvent brillant à l'école, puis dans sa carrière. Ce qui limite la réalisation de ses désirs, c'est souvent qu'il a pour objectif principal de satisfaire ses parents : ils comptent sur lui pour leur faire honneur, et toute déviation de la trajectoire est prise très au sérieux. La prise d'indépendance lui est souvent plus difficile qu'aux enfants ayant des frères et des sœurs.

Ces différents schémas fournissent un début de compréhension lorsque se posent des problèmes psychologiques. Mais rappelons-nous que les faits ne sont jamais les causes directes des comportements, seulement des *propositions*. L'enfant agira selon *l'opinion* qu'il se forme par rapport à sa situation dans la famille.

Même avec ses nuances et ses retournements inattendus (les rapports entre frères et sœurs évoluent avec l'âge et la structure familiale), l'importance de cette première communauté de vie que représente la fratrie ne peut nous échapper. C'est là que l'enfant apprend l'attention aux autres ou le repli sur soi, le dynamisme ou le découragement, l'optimisme ou le pessimisme, la valeur de la solidarité ; là aussi qu'il aura à lutter contre deux écueils : *l'admiration excessive ou le dénigrement,* afin de s'estimer à sa juste valeur.

🔍 Synthèse

- *La place d'un enfant dans la fratrie joue un rôle important dans la formation de sa personnalité.*
- *Il existe des attitudes désignant, par exemple l'aîné comme chef de ses frères et sœurs ou le benjamin comme le petit dernier trop gâté, mais la réalité est plus complexe.*
- *La structure de la fratrie, avec ses écarts d'âge, la répartition des sexes, le nombre d'enfants qu'elle comprend, fonctionne comme un système dynamique d'alliances et de rivalités.*
- *Comme toute autre situation, la position de l'enfant dans sa fratrie (ou sans fratrie) n'agit sur le caractère qu'à travers l'opinion qu'en conçoit l'enfant.*
- *La fratrie est une école de vie.*

Chapitre 10

L'art de la pédagogie

La psychologie d'Adler, contrairement à celle de Freud, est une affirmation de sa confiance dans l'Homme. Non qu'il idéalise l'espèce humaine, loin de là, mais l'être humain possède suffisamment d'instincts nobles et altruistes, pense-t-il, pour que ces qualités aient une chance de se développer au détriment de ses penchants nuisibles. Les hommes se conduisent souvent fort mal, cependant ils ont tous la croyance en un état idéal qui exista jadis ou l'espérance d'un monde futur qui viendra plus tard :

> « *Tous les mythes, tous les contes attestent que l'espérance d'un avenir apportant le bonheur n'a jamais fait silence parmi les hommes.* » (C.H., p. 83)

Pour s'approcher de ce monde idéal, les parents, les maîtres doivent œuvrer non à dresser l'enfant par la discipline et les sanctions, mais à accroître en lui, par leur exemple et par des explications bienveillantes, la *confiance en soi, le courage et l'aptitude à la coopération*.

Certes, les personnes qui élèvent et instruisent les enfants ont elles-mêmes besoin d'encouragements et de guidance. À ce prix se mettra en place tout un réseau éducatif averti qui préviendra les troubles éventuels.

Adler croyait si fortement à la prévention qu'il consacra une grande partie de son temps et de son énergie à fonder des écoles expérimentales et à traiter les difficultés qui lui étaient signalées, en intime collaboration avec les enfants, les parents, les enseignants et les directeurs de ces écoles.

Il constate que soigner les maladies psychiques constitue une énorme dépense d'énergie et ajoute :

> « *Il serait temps que nous tournions notre attention avec plus de précision vers la prophylaxie [...] Le facteur le plus efficace pour cette action éducative nous semble être l'école.* » (P.T., p. 339)

Le début du XXe siècle est une époque d'effervescence dans ce domaine. Maria Montessori est née la même année qu'Adler et Ovide Decroly l'année suivante. Guillaume de Humbolt, John Dewey, Edouard Claparède, d'autres grands pédagogues font partie de cette génération. Il s'agit de combattre l'école traditionnelle, avec sa **compétition forcenée,** son encouragement à **l'individualisme,** son **obsession des résultats.** Le système basé sur le maniement de la carotte et du bâton oublie l'enfant dans son présent pour ne songer qu'à un avenir professionnel aléatoire.

Il s'agit, bien au contraire, d'apprendre à l'enfant *la vie*... tout simplement !
Et la vie, bien sûr, en relation avec les autres. Chacun des grands maîtres en
pédagogie s'y emploie. Chacun, avec son objectif particulier et ses méthodes
propres, a lancé une entreprise de rénovation dont les conséquences sont
clairement positives mais dont l'effort de généralisation n'est pas encore
accompli de nos jours.

Le jardin d'enfants adlérien

On ne s'étonnera pas qu'Adler ait vanté les mérites des jardins d'enfants.
Selon lui, ce passage prolonge utilement l'éducation familiale en fournissant
à l'enfant de nouvelles expériences, de nouveaux problèmes à résoudre, particulièrement des problèmes de *vie en société,* dans un milieu encore protégé.

Mais la tâche du jardin d'enfants est hérissée de difficultés, car l'enfant de
trois ans qu'il accueille est déjà une petite personnalité. S'il a été, chez lui,
au centre de l'attention, il va multiplier les bêtises pour se faire remarquer.
Si des paroles naïves ont provoqué l'intérêt et le rire (on répète devant lui
ses « mots d'enfant »), il fera le clown pour amuser la galerie. Qu'on le
punisse alors, et il modifiera son comportement tout en gardant le même
objectif, rester au centre de l'intérêt général : le voilà qui fait pipi dans sa
culotte ou refuse de manger. S'il est terrifié par un père colérique, il sera
enclin à mentir aux maîtres.

La solution, pour Adler, n'est jamais dans l'autoritarisme, mais dans la
patience et dans une attitude amicale. Qu'une seule personne, au jardin
d'enfants, parvienne à mettre l'enfant en confiance, ce sera le premier pas,
d'autres pas suivront, l'enfant apprendra à aborder avec courage les nouveaux
problèmes qui lui sont posés au lieu de fuir dans des stratagèmes, il saura
respecter ses camarades de jeu, accepter la médiation lorsque surgissent des
conflits.

Car des conflits, il y en a. Fort différente, la méthode Montessori privilégie le
travail individuel sur des machines, chaque enfant travaillant silencieusement
à sa table. L'avantage, par rapport à l'école traditionnelle, est qu'il ne risque
aucun jugement de la part des maîtres, seulement des résultats objectifs et
non culpabilisants. L'ambiance, dans un jardin montessorien, est étonnam-
ment calme, comme recueillie, et les enfants ne ressentent aucune tension.

L'observation d'un jardin adlérien est tout autre. Il paraît bruyant et indisci-
pliné. C'est qu'il favorise la libre circulation des enfants dans cette famille
agrandie où se joignent et se heurtent les personnalités. Ces heurts appar-
tiennent au quotidien et il est bon que les enfants les vivent pour apprendre
peu à peu à composer avec les désirs des autres.

Vivre avec les autres, c'est la première et primordiale leçon. Adler n'encourage pas les apprentissages intellectuels précoces : l'enfant qui sait lire en sortant du jardin d'enfants s'ennuiera à l'école primaire. Le jardin d'enfants, c'est le domaine du jeu, et le jeu prépare l'avenir :

> « *Le jeu est inséparablement uni au développement psychique de l'enfant. Il constitue, pour ainsi dire, son activité professionnelle, aussi ne sera-ce pas impunément qu'on troublera un enfant dans son jeu. Rien n'autorise à y voir un simple passe-temps.* »
> (C.H., p. 85)

Par le jeu, l'enfant développe attention, concentration, créativité. Il expérimente des règles de vie commune qui ne sont ni imposées par les adultes, ni arbitraires mais nécessaires à l'intérêt même du jeu. Et il peut se livrer à son désir de domination sans que les conséquences en soient graves, qu'il réussisse ou qu'il échoue. L'enfant qui doit inquiéter les parents ou les éducateurs n'est pas celui qui perd au jeu mais celui qui se tient *à l'écart des jeux* par crainte d'une mauvaise performance.

L'école élémentaire, elle, se consacre à l'instruction, mais elle doit laisser une place au jeu et ne jamais oublier sa fonction éducative.

L'école expérimentale adlérienne

En 1901, le médecin et psychologue belge Ovide Decroly avait fondé un institut spécialisé pour enfants retardés. Il s'aperçut rapidement que les méthodes utilisées dans cet institut pouvaient s'adapter avantageusement aux enfants d'intelligence normale, et il créa pour eux, en 1907, une école expérimentale qu'il voulait « *école pour la vie, à travers la vie* ». Cette école, dont les méthodes « actives » favorisaient la motivation des élèves, était dotée d'un vaste terrain où ils entretenaient de petits jardins. Le caractère privé des écoles Decroly en a malheureusement réduit la portée.

La pédagogie adlérienne a de nombreux points communs avec celle de Decroly, mais Adler n'a jamais recherché une situation aussi privilégiée : ce n'est pas par hasard qu'il campe sa première école expérimentale viennoise au sein d'un établissement secondaire très ordinaire : il a toujours été préoccupé par la condition sociale des enfants et, à son idée, ce sont les moins favorisés qui doivent, en priorité, profiter de l'enseignement qu'il préconise.

Il s'agit d'une *Hauptschule,* un collège qui accueille des garçons de dix à quatorze ans. Laissons la philosophe Madelaine Ganz nous la décrire. Elle a été enthousiasmée par les réalisations d'Adler et en a rendu compte après une année d'observations sur place : « *D'assez pauvre apparence, l'école est située dans un quartier misérable du XXe arrondissement, où la population, qui gagne à peine sa vie dans des conditions normales, souffre aujourd'hui* *cruellement du chômage. Aussi les enfants arrivent-ils souvent à l'école dans un état lamentable. Nous les avons vus maintes fois, en plein hiver, souffrant de la faim et grelottant de froid. L'école elle-même est fort peu chauffée parce qu'on manque d'argent pour se procurer le combustible nécessaire. Alors que certaines classes sont fréquentées jusqu'à six heures le soir, on ne chauffe plus à partir de dix heures du matin! Pour cette raison, il est défendu, en hiver, d'ouvrir les fenêtres pendant les récréations, et cela bien que les enfants doivent les passer en classe, faute d'un préau ou d'une place quelconque en plein air. Si donc cette école arrive à donner des résultats positifs, si elle peut déjà enregistrer maints succès, on ne pourra en tout cas pas les attribuer à des conditions extérieures merveilleusement appropriées aux besoins de l'enfant. »[11]*

L'école est agréée le 15 septembre 1931 et les professeurs qui y sont nommés sont tous des adeptes enthousiastes des nouvelles méthodes. Chacun se montre parfaitement compétent dans sa matière mais l'enseigne, souligne Madelaine Ganz, en *artiste* et non *en fonctionnaire*.

« Artiste » : tel est l'enseignant adlérien, tels aussi le médecin, le psychologue formés à la Psychologie Individuelle. On trouve ce mot sous la plume d'Adler à de nombreuses reprises. Certes, les *études scientifiques* ont apporté des éléments de compréhension, certes une *grille théorique* permet un premier classement des déficiences ou symptômes, certes. Adler lui-même a établi un *questionnaire-type* pour les enfants en difficulté, mais la prévention et la guérison des troubles relève, *in fine,* d'un talent qu'Adler n'hésite pas à nommer *art de la divination.*

Adler, en employant cette expression surprenante, sait ce qu'il veut dire : la vie n'est que variations, elle ne peut se ranger dans des cadres fixes ; pour la comprendre, il faut des qualités d'imagination et d'intuition. Attention ! Il ne s'agit pas, précise-t-il, de se lancer avec quelques notions superficielles de Psychologie Individuelle, comme ces personnes qui *ne voient que le clavier et ne connaissent rien à l'art d'en jouer.*

Après avoir reçu un certain nombre de renseignements, après avoir consulté le savoir théorique ou les statistiques et vu apparaître des pistes, il y a un moment où seul cet état d'esprit qu'Adler nomme « artistique » est en mesure de saisir la globalité du plan de vie chez un être humain. Si celui-ci éprouve une souffrance, c'est que son but fictif inconscient est « erroné » et que les efforts consentis pour y parvenir se trompent de chemin. Pour le comprendre, il ne suffit pas d'accumuler des informations : il faut savoir « deviner ».

Les maîtres de l'école adlérienne, nous dit Madelaine Ganz, sont des *maîtres artistes,* car ils n'ont rien à voir avec la routine. Les maîtres de l'école tra-

---

11. Madelaine Ganz, *La psychologie d'Alfred Adler et le développement de l'enfant*, Genève, 1935.

ditionnelle *agissent comme s'ils connaissaient d'avance la manière dont se déroulera la leçon,* devant des élèves passifs qui doivent, timidement, lever la main pour être autorisés à parler. Les maîtres de l'école adlérienne, sans perdre de vue les matières à enseigner, laissent la porte ouverte aux suggestions des élèves, aux digressions, au règlement des conflits, si bien qu'aucune classe ne ressemble à une autre.

Dans ces écoles, l'enseignement *épouse constamment la vie.* L'élève peut s'exprimer librement et, s'il a acquis le sens de la communauté, ses interventions sont judicieuses, elles ne troublent pas le déroulement du cours mais l'infléchissent souvent de façon intéressante pour tous. L'ennui, si défavorable à l'apprentissage, est donc banni de ces établissements, d'autant que les maîtres se passionnent pour une profession qui est devenue leur raison de vivre.

Cela, on pourrait le dire de tous ceux qui adhèrent, par vocation, à des méthodes révolutionnaires. Mais en quoi l'école expérimentale de Vienne était-elle révolutionnaire ?

Méthodes et principes

L'instruction, précisons-le, y obéissait exactement au même programme que celui des écoles traditionnelles. Rien n'était sacrifié du savoir que devaient acquérir les élèves et pour lequel ils seraient sanctionnés en fin d'études, mais l'école expérimentale mettait l'accent sur des aspects nouveaux de l'enseignement.

Nous l'avons vu, les méthodes scolaires dites « actives » étaient déjà connues en Europe et l'Autriche n'était pas en retard sur ce plan : des établissements ordinaires tentaient d'appliquer ces méthodes, mais, comme c'est encore vrai de nos jours malgré l'évolution des connaissances en psychologie, le nombre important d'élèves dans les classes et la surcharge des programmes rendaient l'entreprise difficile, voire impossible. Pour être attentifs à la personnalité de chaque enfant, les maîtres de l'école adlérienne durent être non seulement formés aux nouvelles méthodes, mais aussi profondément motivés et peu avares de leur temps.

En premier lieu, là où l'enseignement traditionnel laisse à la traîne un certain nombre d'élèves plus lents à comprendre pour favoriser les plus vifs, préfigurant l'impitoyable sélection professionnelle, l'école adlérienne se propose d'œuvrer au **succès de tous.** On reconnaît bien là un trait fondamental de la pensée du Maître : l'important n'est pas d'établir des classements et de former une élite, mais *que chaque enfant se développe au mieux selon ses possibilités.* **Nous n'avons pas besoin d'un premier,** écrit magistralement Adler dans *Connaissance de l'Homme* (p. 132).

95

Si des élèves sont plus brillants que d'autres, comprennent et exécutent rapidement, on peut leur donner des exercices supplémentaires de leur choix pendant que l'on explique plus longuement aux autres. Pourtant, si les professeurs consacrent une part de leur temps à accompagner les plus faibles, les meilleurs risquent de se sentir négligés. La solution n'est donc pas seulement dans la souplesse des rythmes individuels, elle est également dans la création de cet *esprit de groupe* cher à Adler, où **chacun est intéressé à la réussite de tous**.

Ce n'est plus seulement le maître qui se penchera sur les élèves en difficulté, leurs camarades plus brillants sont susceptibles de les aider. Il incombait aux meilleurs élèves d'apporter leur concours à ceux qui ne comprenaient pas et qui, souvent, inversaient la situation lorsqu'on passait à une autre discipline. Le travail en commun était favorisé.

Cependant, même à l'école expérimentale, il fallut bien se plier au système en vigueur et accepter que les élèves soient répartis en deux niveaux, A et B. Cela permettait aux plus rapides d'avancer à leur rythme et aux plus lents de prendre leur temps. Les maîtres adlériens étaient conscients de cet avantage. Pourtant, ils craignaient que les élèves des classes B ne se sentent dévalorisés et ne se découragent. Quant à ceux des classes A, ils risquaient de prendre des airs supérieurs vis-à-vis de leurs camarades moins doués.

Les maîtres firent tout pour éviter la compétition entre les deux niveaux. Ils établirent une coopération entre eux dans certains domaines, par exemple pour préparer la fête de l'école, au lieu d'ériger une cloison étanche.

Il n'a jamais existé, dans l'esprit adlérien, de frontière entre enseignement et éducation, entre apprentissage intellectuel et apprentissage de la vie. Ce n'est pas seulement les langues ou les mathématiques que l'enfant apprend à l'école, mais l'exercice de la solidarité, alors que sélection et compétition y règnent la plupart du temps.

L'enseignement adlérien se propose ainsi de former des êtres libres, capables de se passer d'autrui, ce qui n'est pas contradictoire, car seul un individu qui a sa place et son utilité dans la collectivité se sent suffisamment fort pour s'affranchir de la dépendance.

Les assemblées

Adler souhaitait associer les élèves à la gestion de l'école *sous la guidance des adultes*. La volonté de puissance lui était assez familière pour qu'il pressente ce qui se passerait au cas où les enfants seraient entièrement livrés à eux-mêmes : on risquait de voir les plus forts prendre le pouvoir et d'assister à la résurgence des hiérarchies que l'école se réservait d'adoucir.

Des exemples avaient démontré que, placés dans des situations de pouvoir, les enfants se montraient plus sévères que les maîtres envers les camarades qu'ils dominaient.

À intervalles réguliers, souvent hebdomadaires, la classe se réunissait, en dehors des heures de cours, avec ses maîtres et le directeur de l'école. On discutait alors de telle ou telle décision à prendre, par exemple en vue d'une sortie ou à propos d'un incident qui avait perturbé les enfants.

Examinons le compte-rendu de cette courte discussion, où il s'agit de choisir un chef de classe : (M. = Maître. E. = élève).

M. Comment allons-nous procéder ?

E. Par une élection.

M. Bien sûr, mais nous n'en sommes pas encore là. Quelles qualités doit avoir le chef de classe ?

E. Il doit avoir bon caractère.

M. Pourquoi ?

E. Parce qu'il doit nous donner toujours le bon exemple. Il doit être si fort qu'on doit pouvoir le chicaner quand on veut sans qu'il se mette en colère.

E. Il doit être comme un maître, puisqu'il est son remplaçant.

M. Et quelles autres qualités doit-il avoir ?

M. Il doit bien parler, pour qu'il puisse défendre toujours les intérêts de la classe.

E. Il doit être juste.

Les élèves proposent un chef de classe, mais l'un d'eux trouve qu'il n'est pas assez robuste.

E. Mais pourquoi faut-il que notre chef soit fort ? Le général d'une armée n'a pas besoin d'être le plus fort de tous. Ce qui importe, c'est qu'il ait un cerveau dans sa tête !

E. Je suis d'accord avec ce qu'on vient de dire, mais je ne suis pas d'accord avec le garçon qu'on a proposé. Il est trop calme, trop tranquille.

E. Ce n'est pas juste. Quand tu es arrivé, tu étais encore plus silencieux que lui. Il n'y a pas longtemps qu'il est avec nous. Il doit d'abord s'habituer à tous les enfants. Une machine ne donne pas non plus tout ce qu'elle peut dès le premier jour. Il faut d'abord la connaître à fond.

Le chef de classe proposé est prié de quitter le groupe, afin d'ignorer qui a voté pour lui ou contre lui. Il est élu à une forte majorité.

À notre époque, on peut être un peu heurté par le relent de moralisme qui se dégage du vocabulaire de ces enfants. Il ne pouvait en être autrement, puisqu'ils étaient élevés dans le respect d'une morale conventionnelle. Plus intéressante est la maturité avec laquelle, aidés par le maître, ils envisagent le problème. D'autres entretiens ont pour sujet, par exemple, une querelle entre deux élèves, qui a troublé la sérénité de la classe, ou la manière de remplir la cagnotte que l'on veut créer en vue d'un voyage collectif : comment tenir compte à la fois du désir d'égalité et du revenu familial ?

De même qu'Adler considère l'individu comme un système indissociable, de même il voit la communauté comme une dynamique, sensible dans son ensemble à tout changement, fût-il minime. C'est pourquoi, dans l'école adlérienne, on consulte les élèves avant l'établissement de certaines règles et, s'il surgit des problèmes, on les résout de façon collective, en examinant leur source aussi objectivement que possible. Cette manière de les envisager rend à peu près inutile l'usage de sanctions.

Récompenses et punitions

Adler s'est élevé contre les châtiments corporels un demi-siècle avant que la Suède n'édicte une loi qui les interdisait, même en famille. Il met aussi les éducateurs en garde contre l'usage de sanctions humiliantes qui renforce le sentiment d'infériorité de l'enfant et exacerbe sa tendance à la révolte.

Ce qu'Adler affirme à chaque occasion, c'est que *nous ne pouvons nous attendre à rien par la contrainte*. Plus précisément, on aura peut-être produit une soumission occasionnelle, mais non l'esprit de collaboration et de responsabilité.

Quant aux notes, il s'en est toujours méfié : les notes et les classements semestriels créaient de véritables drames dans les familles, allant jusqu'à des suicides d'adolescents. Un pédagogue de l'école adlérienne nommé Spiel donna dix-neuf conférences aux parents pour leur expliquer que **les notes étaient des données relatives** et que, de toute façon, elles sanctionnaient un rendement, non la personnalité de l'enfant.

Or, les enfants ne bénéficient pas tous d'un climat familial favorable aux études, mais si, pour éviter des drames, le professeur tient compte des circonstances familiales, la notation n'a plus aucun sens. Adler se prononçait donc carrément pour son abolition.

Des études récentes ont démontré la subjectivité des notes en faisant apparaître, dans la notation, des éléments totalement étrangers à la performance de l'enfant, comme sa beauté physique ou son appartenance à telle classe sociale.

Adler déplore que les classes soient surchargées et peu de maîtres assez formés pour comprendre la motivation de chaque enfant.

> « *Si l'élève commet une faute, il est puni, ou bien il a une mauvaise note. C'est comme si le docteur examinant une personne qui aurait une fracture, lui disait : "Vous avez une fracture, adieu !"* » (P.T., p. 360)

Qu'est-ce qu'un enfant « paresseux » et quelle réalité se cache sous ce jugement qui a fait de tels dégâts dans la vie scolaire ? Il existe plusieurs hypothèses : par exemple, l'enfant se décourage (« À quoi bon s'obliger à étudier pour ne récolter que de mauvaises notes ? »). Ou bien il se croit moins intelligent que d'autres : mieux vaut dans ce cas montrer qu'il ne fait aucun effort plutôt que d'être considéré comme stupide, son amour-propre en souffrira moins. La paresse, pour Adler, était une forme d'excuse et, lorsque le cas se présentait, c'est le style de vie de l'enfant qu'il convenait de reprendre avec lui point par point. Une sanction ne ferait que rendre le problème plus aigu.

L'encouragement, la motivation restent les seuls véritables moteurs de la réussite scolaire. Adler rappelait qu'au lycée, il était si faible en mathématiques que son professeur avait conseillé de le mettre en apprentissage chez un cordonnier. Son père obtint de le faire redoubler, et il devint, dans cette discipline, le meilleur de sa classe.

> « *Si mon père avait suivi le conseil de mon maître, je serais probablement devenu un bon cordonnier, mais j'aurais cru pendant toute ma vie que certaines gens ont vraiment le « don » des mathématiques* – et d'ajouter : *m'étant trouvé moi-même dans ce bourbier, je peux dire, en toute connaissance de cause, que je n'y crois plus.* »
> (E.D., p. 145)

Selon lui, la compréhension en mathématiques ne suppose qu'un degré normal d'intelligence ajouté à une réelle motivation. Il s'élève donc aussi contre un préjugé courant à son époque selon lequel les filles ne seraient pas douées pour le calcul : c'est une absurdité.

🔍 *Synthèse*

- *La pédagogie est un art plus qu'une technique ou un savoir.*

- *Le jardin d'enfants prolonge l'éducation familiale. Il n'est pas souhaitable que l'enfant y apprenne autre chose que la vie en commun, ce qu'il obtient par le jeu.*

- *L'école expérimentale de Vienne se distingue de celles d'autres pédagogues progressistes du fait qu'elle s'exerce au sein d'un établissement de quartier populaire très défavorisé.*

- *L'accent y est mis sur la motivation, la vie en communauté et le souci de faire évoluer la masse des élèves et non une élite.*

- *Il est plus efficace d'aider l'enfant à développer les atouts qu'il possède – confiance en lui, aptitude à la coopération, capacité à résoudre de nouveaux problèmes - que de le sanctionner par des récompenses et des punitions. Dans l'école expérimentale adlérienne, les sanctions sont rendues inutiles et les humiliations exclues.*

- *Les difficultés qui se présentent (mauvais rendement scolaire, disputes entre enfants…) ne sont pas tranchées arbitrairement mais débattues entre collégiens, Maîtres, directeurs et parents.*

Valeur des tests psychométriques

Peut-on mesurer le degré de jugement d'un enfant, ce qu'Adler appelle son *talent* et que nous décririons aujourd'hui comme « intelligence générale » Certes, il est difficile de se fier à ce qu'un individu pense de lui-même, l'affectivité le rendant facilement vaniteux ou, au contraire, trop modeste. Aucune objectivité non plus parmi ses proches. C'est pourquoi des psychologues ont mis au point certaines méthodes d'examen qui se veulent objectives. La célèbre *échelle métrique de l'intelligence chez les jeunes enfants* fut construite par le psychologue Alfred Binet avec Théodore Simon, entre 1904 et 1911. Un peu plus tard, le psychologue américain Terman la modifiait et établissait le calcul actuel du Q.I. (quotient intellectuel).

Adler ne voit guère l'intérêt de ces techniques. Leur principe même, pensait-il, est douteux, dans la mesure où il ne tient compte que d'éléments isolés de la vie de l'individu. De plus, *lorsqu'un certain nombre d'écoliers les subissent, il advient invariablement que, même sans examen, le maître sache déjà quel trait sera recueilli d'emblée par le psychologue expérimentateur avec une fierté particulière, si bien que, cela étant, il s'avère jusqu'à un certain point que ces examens sont superflus. Autre objection à leur adoption : la capacité de penser et de juger ne se développe pas également chez tous les enfants, en sorte que le talent de plus d'un d'entre eux, apparu très faible à l'examen, se développera soudain favorablement quelques années plus tard.*

Il faut encore faire entrer en ligne de compte le fait que les enfants des grandes villes ou ceux de certains milieux, menant une vie plus large, trahissent un talent supérieur vu leur agressivité, leur vivacité, qui proviennent simplement d'un certain exercice ; par là ils éclipsent d'autres enfants dépourvus du même acquis, des mêmes préparations.

Ainsi, les examens spéciaux concernant le talent n'ont pas mené bien loin, surtout si l'on jette un coup d'œil sur les tristes résultats apparus à Berlin et à Hambourg, où les enfants qui avaient subi favorablement cette épreuve contredirent par la suite, en nombre étonnant, ce qu'ils semblaient promettre.

Aux résultats incertains des tests, Adler préfère les investigations de la caractérologie individuelle qui ne visent pas à obtenir un point de vue appliqué mais à saisir les fondements des conduites et à procurer s'il en est besoin des remèdes. Cette méthode ne mesure pas séparément la capacité de penser et de juger que possède l'enfant, comme si elle n'existait pas dans une connexion intime avec son monde intérieur.

Le test tente de situer l'enfant dans sa classe d'âge selon des valeurs moyennes. Pratiqué couramment de nos jours, il a gardé une certaine utilité mais perdu son aura d'objectivité absolue et s'accompagne, pour être valide, d'une investigation de la personnalité.

Chapitre 11

L'enfant en difficulté et les consultations médico-pédagogiques

À partir de 1922, Adler dirigea des débats où l'on discutait de cas difficiles, généralement au sein de l'école. Les enfants et leurs parents participaient à ces débats ainsi que les professeurs, le directeur ou la directrice de l'école et également des invités : médecins, assistantes sociales, enseignants d'autres établissements qui venaient apprendre les nouvelles méthodes d'investigation et d'entretien.

Si Adler était heureux de répandre ainsi utilement ses idées, il considérait aussi comme important, pour l'enfant lui-même, de découvrir que son problème intéressait l'ensemble de la communauté. Dans la mesure où celle-ci se montrait toujours bienveillante, l'enfant en ressentait un soutien :

> « *J'ai acquis la conviction que faire paraître un enfant devant une réunion de gens a une bonne influence. Ceci signifie pour l'enfant que ses difficultés ne sont pas une affaire privée puisque cela intéresse aussi des étrangers. Peut-être son sens social est-il mieux éveillé par là.* »[12] (E.D., p. 78)

Une autre innovation était la possibilité d'un débat entre spécialistes. Ils n'étaient pas toujours du même avis, et il arrivait qu'un médecin ou un enseignant, sensible aux arguments qui lui étaient opposés, reconnaisse publiquement qu'il s'était trompé. Habitués à l'image écrasante des spécialistes qui savent tout et ont toujours raison, l'enfant et ses parents découvraient des praticiens avouant sans honte leurs imperfections et cherchant à les compenser grâce aux ressources de la collectivité. C'était là pour eux un modèle dynamique, l'exemple d'un fonctionnement collectif harmonieux.

Adler préférait, la plupart du temps, fournir une analyse de cas avant de voir l'enfant, quitte à rectifier son diagnostic par la suite. Il pensait ainsi rendre plus transparente sa démarche. On lisait à haute voix les comptes rendus concernant le comportement de l'enfant, celui de la maison, apporté par les parents et celui de l'école, remis par les maîtres. À chaque observation livrée par le compte rendu, Adler apportait un commentaire. Il cherchait, peu à peu, à suivre le fil directeur qui reliait entre eux les différents aspects

---

12. Certains centres de guidance familiale, au Québec, pratiquent cette thérapie des troubles de l'enfant élargie à son entourage : famille, maîtres, voisins, commerçants, etc.

de la conduite de l'enfant et montrait comment il était possible d'en saisir la logique.

L'ouvrage *L'enfant difficile* retrace un certain nombre de ces séances, lecture des protocoles et remarques d'Adler, fragments de dialogues avec les parents et les enfants, le tout accompagné, à l'occasion, de considérations théoriques.

Parallèlement, Adler et ses condisciples recevaient des enfants à des consultations médico-pédagogiques dont la première s'ouvrit en 1918, suite au traumatisme de la guerre mondiale et à la montée de la délinquance. On en comptait une trentaine en 1934. Fermées à l'avènement de Hitler, elles commencèrent à rouvrir leurs portes en 1954.

L'enfant y était attendu accompagné de ses parents ou au moins de l'un d'entre eux, quitte, au cours de l'entretien, à le séparer d'eux pour quelques instants. Il arrivait aussi que les parents souhaitent la consultation pour leur enfant mais se refusent à y participer ; on demandait alors à un enseignant qui connaissait le petit de venir avec lui. À noter que rien ne se faisait sans l'accord des parents.

L'objectif recherché était surtout la prévention. Elle revêtait, dès le plus jeune âge, une importance capitale. Mais les parents, le plus souvent, attendaient que la situation devienne critique avant de consulter. Ils avaient honte d'exposer les « déviations » de leur enfant et ne s'y décidaient qu'au moment où la situation leur échappait totalement. Leurs atermoiements rendaient évidemment plus difficile la recherche d'une solution. Adler espérait, par l'extension des consultations, par les séances publiques, par des cycles de conférences, sensibiliser ses contemporains à l'idée qu'il vaut mieux prévenir que guérir.

La première tâche était d'acquérir la confiance des enfants, la plupart d'entre eux étant amenés à la consultation sans y avoir été préparés. Certains pensaient qu'ils allaient voir un médecin ou un dentiste qui les soignerait. D'autres étaient menacés par leurs parents : s'ils n'écoutaient pas le conseiller, il n'y aurait plus rien à faire, qui sait s'ils ne finiraient pas leurs jours en prison ! Il fallait donc rassurer ces enfants et leur parler dans un langage accessible à leur compréhension. Ceci était aussi vrai pour les parents.

Lorsque l'on examine les comptes rendus des consultations, on s'aperçoit que le médecin pose des questions très simples sur le comportement de l'enfant, sur la structure familiale, sur la vie au foyer et qu'il ne prononce jamais de diagnostic savant, comme cela se pratiquait couramment à son époque. Il cherche à comprendre quel but poursuit l'enfant et pourquoi la poursuite de ce but pose problème. Afin de parvenir à cette compréhension, il se livre à un *examen horizontal* et à un *examen vertical*.

L'examen **horizontal** lui permet d'appréhender l'ensemble de la personnalité de l'enfant ou de l'adolescent : ce dernier se comporte de façon négative dans telle ou telle situation, mais qu'en est-il dans les autres domaines de sa vie ? Les contradictions ne sont qu'apparentes, une logique, fût-elle erronée, relie les différents traits de caractère.

- Par exemple, voici une fillette de onze ans ; elle est très sage à la maison, excellente écolière, mais, chaque matin, le départ à l'école met toute la famille en émoi ; elle s'énerve, dit qu'il fallait la réveiller plus tôt, qu'elle va être en retard à l'école (ce qui ne se produit pas), de sorte que chacun s'affole autour d'elle, l'un pour l'aider à rassembler ses affaires, l'autre pour la coiffer (mais, tout en pressant son monde, l'enfant ne trouve aucune coiffure à son goût et s'excite encore davantage !)
- Pour le Dr Adler, son but est clair : mobiliser autour d'elle tout le groupe familial, qui ne lui accorde peut-être pas assez d'attention, en tout cas pas autant qu'elle le voudrait, du fait qu'elle est sage et bonne élève. Le but étant donné, la manœuvre pour y parvenir est tout à fait réussie. Adler en conclut que l'enfant est intelligente : inutile de la tester sur ce plan ! Mais si elle réussit dans sa tentative, c'est au prix d'une tension fort pénible pour elle comme pour son entourage, et il conviendra de l'aider à prendre conscience que la poursuite de son but lui apporte plus de désagréments que de plaisir.

L'autre partie de l'examen est **verticale** : on s'enquiert du passé de l'enfant. Peut-être n'a-t-il pas suffisamment développé son sens social ; dans ce cas, il n'aura pu adopter un certain nombre de règles qui simplifient la vie en commun, comme de manger proprement, de prêter ses jouets, de dire la vérité, de ne pas s'emparer de ce qui appartient aux autres. Même s'il doit plus tard dans sa vie, examiner ces règles, en faire la critique, les nuancer peut-être, le fait de s'y opposer d'emblée révèle l'adoption d'un but peu constructif, comme d'attirer l'attention sur soi, d'accaparer les soins de la mère ou d'être admiré par ses camarades.

L'enfant qui enfreint systématiquement certaines règles, même s'il en tire momentanément quelques avantages, fera nécessairement l'expérience du rejet et de l'hostilité générale. Il se considérera alors comme une victime et l'on verra s'exacerber son égocentrisme et sa volonté de puissance.

Il se peut que l'évolution de ces enfants, soutenue par un entourage compréhensif, ne prenne aucun caractère dramatique, qu'ils acquièrent en grandissant davantage de confiance en eux et d'attention aux autres. Mais il arrive aussi qu'un événement, une rencontre malencontreuse viennent exacerber leur sentiment d'insécurité et les lancent dans la recherche fébrile de compensations. Il ne leur suffira plus alors de chaparder quelques bonbons pour les offrir aux camarades ; ils risquent de viser plus haut, par exemple de prendre la tête d'une bande pour commettre des déprédations ou des cambriolages.

Du moins s'ils sont de tempérament **actif.** Ils risquent alors de devenir des révoltés, excitables, impatients, cruels, hâbleurs. S'il s'agit d'un enfant **passif,** il se montrera plutôt timide, dépendant, anxieux, dissimulé. Adler fait une part importante à ces deux tendances, active et passive, dans les comportements qui caractérisent un enfant dès son plus jeune âge mais peuvent être modifiés par l'éducation.

Dialogue avec l'enfant

Après s'être renseigné sur les événements familiaux ou scolaires qui ont amené des problèmes, Adler interroge l'enfant afin de connaître *son opinion* sur ce qui s'est passé et *ce qu'il comprend lui-même* du rôle qu'il joue dans la communauté. On ne pourra avancer, en effet, en constituant seulement des rapports de cause à effet, encore faut-il saisir son *but fictif,* par quels moyens il cherche à l'atteindre et s'il s'est passé quelque chose, dans la dynamique familiale, qui a exacerbé son désir de se valoriser.

Lorsque Adler utilise le vocabulaire des parents et des instituteurs, qui lui disent que tel enfant est *menteur, chapardeur, paresseux, agressif,* il cherche seulement à caractériser une conduite en employant le langage le plus courant afin d'être compris. Il ne songe nullement à porter un jugement de valeur.

Un enfant n'est pas menteur, par exemple, de façon constitutionnelle, il *utilise* le mensonge pour atteindre un but bien précis mais inconscient : par exemple, il se sent moins intelligent que ses camarades et invente des fables où il joue le beau rôle. Qu'il prenne conscience de n'être pas plus sot que les autres, et il cessera de mentir : pourquoi continuerait-il ?

Adler attribuait bon nombre de symptômes au désir qu'a l'enfant d'être le centre de l'intérêt ou de garder sa mère pour lui seul ; il a ainsi diagnostiqué l'énurésie, la peur du noir, les difficultés de langage. Peut-être était-ce une explication un peu réductrice, mais il considérait toute théorie comme un simple échafaudage. Une construction intellectuelle trop parfaite risque de figer le diagnostic, car la tentation est grande pour le thérapeute de classer ses observations en fonction de cette théorie plutôt que d'avoir à la modifier.

Il se contentait, lui, d'une simple *grille d'explication* (sentiment d'infériorité + recherche de compensation + but fictif idéal), éléments auxquels s'ajoutent soit le courage, l'optimisme et le sens de la communauté, soit le découragement et l'absence de sentiment social ; l'essentiel, ensuite, se décidait dans un dialogue avec l'enfant, dialogue où Adler témoignait à la fois d'une grande expérience et d'un charisme qui valait toutes les théories au monde.

Il était toujours essentiel d'interroger l'enfant sur ce qu'il pensait *lui-même* de ses difficultés, puis de lui donner des éléments de compréhension de sa propre conduite, fondés sur le bon sens.

Ce n'est pas la nature de l'enfant qui est en défaut mais sa conduite qui est erronée. Si on se met à sa place, on s'aperçoit que, dans sa situation, on aurait sans doute agi de la même manière. Or, l'enfant ne peut remettre en question sa manière d'agir que s'il se sent compris et renonce à ses défenses.

> « Si nous parvenons à sentir avec l'enfant, à penser avec lui, à agir avec lui, nous pouvons nous pénétrer du rôle que l'enfant a joué et nous dire : dans les mêmes conditions, avec la même conception erronée d'une supériorité personnelle, nous aurions agi à peu près de la même façon. » (E.D., p. 23)

Adler utilisait parfois une méthode qui a été adoptée depuis par un certain nombre de thérapeutes familiaux sous le nom *d'injonction paradoxale*. Non content de signifier à l'enfant qu'il le comprenait, il abondait dans son sens :

> « Si je ne me trompe, tu as raison de te conduire comme tu le fais, peut-être devrais-tu même en faire plus. La façon dont tu agis montre que tu es une petite fille intelligente, puisque tu as trouvé le bon moyen d'impressionner ton entourage. » (E.D., p. 30)

Il pousse parfois la méthode jusqu'à l'absurde :

> « *Tu devrais écrire en lettres capitales au-dessus de ton lit : "Chaque matin, je dois tourmenter ma famille autant qu'il m'est possible"*, ou *Écris en grandes lettres sur un billet que tu accrocheras au-dessus de ton lit : "Tous les matins, je dois mettre ma famille dans le plus grand énervement".* » (E.D., 111 p. 31)

Ou encore :

> « *L'école, c'est ce qu'il y a de plus important au monde, et, si j'étais toi, je m'efforcerais de créer encore plus de perturbation.* » (E.D., p. 31)

L'enfant a reçu tant de critiques, été en butte à tant de manœuvres de dissuasion qu'elles ne lui font plus aucun effet. Cette soudaine approbation, en revanche, le désarçonne et l'amène à réfléchir, à envisager *autrement* la situation.

On peut imaginer, bien que cela n'apparaisse pas à la lecture, l'humour qui sous-tendait ces échanges.

Adler ne craignait pas de s'abaisser en coopérant avec les maîtres ou les assistantes sociales. Il croyait qu'une formation adéquate leur donnerait les atouts pour débattre avec les parents. Outre les écoles expérimentales, s'ouvrirent des « maisons d'enfants adlériennes », reprises plus tard par la « maison verte » de Françoise Dolto, qui accueillaient les enfants avec leurs parents et leurs éducateurs.

Une philosophie humaniste

Adler avait toujours dans l'esprit une amélioration des relations qui s'étendrait à l'humanité entière, qui éloignerait les guerres, et il s'engageait sans hésiter dans la lutte pour le socialisme, qui lui semblait, comme à beaucoup de ses contemporains, la source obligée et du bonheur et de la paix sociale.

Ce grand rêve ne l'empêchait pas d'être attentif à des détails quotidiens, prosaïques, dont aucun ne lui semblait négligeable : il se penche, par exemple, sur l'organisation matérielle de la chambre d'enfants, il insiste sur l'importance du petit-déjeuner collectif qui permet des échanges avant la dispersion de la famille et sur la nécessité de créer, lors des repas en commun, une atmosphère agréable où les enfants puissent s'exprimer. Il était fort loin de la tradition observée à son époque selon laquelle « les enfants ne parlent pas à table ». Aujourd'hui, la chose est admise et ce sont plutôt les parents qui revendiqueraient le droit à la parole ! Mais le repas familial en commun, à nouveau, se fait rare.

Adler obtenait par la psychologie individuelle ce que ne pouvait donner la psychologie classique, typologique ou expérimentale, ni la psychanalyse freudienne, qui ne considèrent pas l'activité de l'enfant comme un dynamisme compensateur dans un espace social concret. On voit aussi qu'il ne travaillait pas dans le refuge douillet d'un cabinet de consultation. Bon vivant, il recevait volontiers ses amis à la taverne devant un verre de bière et n'hésitait pas à donner des consultations dans ce décor familier, moins intimidant que le cabinet d'un psychiatre. Comme Maria Montessori, il fréquentait volontiers les quartiers populaires où les conditions de vie des familles étaient particulièrement difficiles. Jamais sa conception du « caractère » n'a été isolée du contexte socioéconomique.

Les consultations de parents

La solution aux problèmes des enfants s'accompagne le plus souvent d'un changement d'attitude des parents. Il ne s'agit pas, pour autant, de les culpabiliser ni de leur donner des leçons, ce qui irait à l'encontre du but recherché en sapant leur autorité. Du reste, les adultes qui, au cours d'une consultation, reçoivent critiques ou conseils dogmatiques comme une agression se présentent rarement une seconde fois, et tout espoir d'amélioration est perdu.

Adler ne jugeait pas les parents, même s'ils se montraient peu compréhensifs envers l'enfant, voire brutaux ou peu affectueux, car ils avaient leur propre problématique. Et puis, on ne pouvait leur reprocher d'être de mauvais pédagogues, puisqu'ils n'apprenaient nulle part le difficile « métier de parents ».

C'est sous un autre angle que pouvait être examinée la relation familiale : apportait-elle une satisfaction à chaque membre du groupe ?

Dans certains cas très difficiles, ceux, en particulier, des familles dites « cas sociaux », il était fréquent à l'époque que l'enfant soit éloigné de sa famille. Adler, là encore très moderne, ne conseille que très rarement cette mesure, et toujours de façon provisoire. Son but est d'améliorer **l'ensemble du climat familial.** « Sauver » l'enfant en laissant les parents se débrouiller, voire s'enliser dans une situation inextricable, n'a jamais fait partie de ses objectifs.

Ce qui nous paraît aujourd'hui si évident était alors novateur : ce n'est pas l'enfant seul qui devait être observé et conseillé, mais toute la famille. L'éducation est un art qui exige une formation, autant pour des parents que pour des éducateurs professionnels.

Ce « métier de parents », si essentiel, serait-il le seul à ne jamais être enseigné ? Les **écoles de parents,** inspirées des expériences adlériennes, qui ont commencé à fleurir dans le monde vers les années 1930, ont si bien compris la leçon qu'elles se sont donné pour objectif de recevoir les parents sans leurs enfants, soit en consultations individuelles, soit en groupes de discussion.

Les consultations pour enfants s'étaient multipliées, mais les parents n'y étaient pas admis. Dans les premiers temps, par un souci mal conçu du secret professionnel, on ne les mettait même pas au courant de l'évolution de leurs enfants, ce qui provoquait chez eux de l'anxiété et le sentiment d'être traités par le mépris. Il arrivait fréquemment qu'ils « reprennent » leurs enfants, interrompant les consultations. C'était d'autant plus regrettable que, si les parents, pris en considération, gagnaient en sécurité et évoluaient dans leurs attitudes, l'enfant allait de mieux en mieux. Parfois, si on les soutenait dans leur tâche éducative, l'enfant n'avait même plus besoin de soins.

J'aimerais rapporter ici une « guérison » spectaculaire issue de ma propre consultation :

- Une jeune femme, mère au foyer, téléphone à l'École des Parents de Paris. Elle habite Brest, mais elle tient beaucoup à venir nous consulter pour sa fillette, la seconde de deux enfants, qui a des terreurs nocturnes et la réveille chaque nuit. Il n'y a pas d'école de parents à Brest. La secrétaire est perplexe. Elle sait qu'un seul entretien a peu de chances de régler le problème et me demande s'il est réaliste d'encourager cette dame à ces longs déplacements.

- Au téléphone, je constate que, ma consultation ayant lieu le lundi, la jeune femme compte en profiter pour demeurer le week-end à Paris : il semble qu'elle désire se libérer un moment de ses tâches ménagères et que sa fillette lui fournisse là un excellent prétexte.

> Je ne considère pas pour autant sa demande comme une futilité. Elle semble me dire fortement : « Moi aussi, j'ai besoin d'attention. »
>
> Je n'hésite donc pas, sans m'inquiéter de la distance, à lui donner un rendez-vous, une dizaine de jours plus tard. L'avant-veille de la consultation, la jeune femme m'appelle pour le décommander : tout s'est arrangé, la petite fille a retrouvé un excellent sommeil et ne la réveille plus la nuit.
>
> Que s'est-il passé ? La mère, sans aucun doute, avait un besoin impérieux de se sentir *considérée,* en compensation, sans doute, de quelque ancienne blessure ; mon offre l'avait apaisée et l'enfant, qui lui avait servi d'écran, en tirait le bénéfice. J'espère qu'elle a pu dire à son mari : « Pourrais-tu, un week-end, t'occuper des enfants pour que je me rende à Paris ? » sans avoir à justifier cette escapade.

Les écoles de parents se répandirent en Europe et dans le monde. Elles avaient, pour la plupart, démarré leurs activités par des conférences qui traitaient de la psychologie de l'enfant. Elles s'aperçurent alors que ces conférences, qui indiquaient des normes de comportement, rendaient les parents anxieux au lieu de les aider. Il en était de même des revues pédagogiques qui se multipliaient. Une mère vint un jour à ma consultation, tourmentée *parce que son fils de trois ans ne semblait pas « faire son complexe d'Œdipe ».*

Il fallut écourter le temps de parole du conférencier et proposer au public de poser des questions. Ce qui n'empêchait pas les assistants, après la clôture de la séance, d'assaillir le conférencier pour des interrogations plus intimes.

On voit, au fil des années, la conférence magistrale céder la place à un bref exposé, éventuellement à la présentation d'un court-métrage retraçant une situation familiale, et réserver la plus grande partie de la séance à un débat. Une formule de table ronde peut aussi montrer aux assistants que les interprétations sont relatives et qu'en psychologie, un problème peut avoir différentes solutions.

Des spécialistes, devenus animateurs de groupes restreints, cessèrent de répondre directement aux questions : ils les répercutaient dans le groupe où s'établissaient des échanges entre les parents concernés, souvent du même quartier. Les assistants comparaient leurs expériences, se donnaient mutuellement des conseils, apprenaient peu à peu à débattre entre eux et à réfléchir sans l'aide du psychologue. Il arrivait que les échanges se poursuivent entre eux lorsque le cycle de réunions était terminé.

La même méthode s'appliqua ensuite à des groupes d'enseignants, de médecins, de travailleurs sociaux soucieux d'apprendre à mieux conseiller les parents, ce qui ne les empêchait pas de réfléchir sur leur propre rôle parental.

Réseau familial, travail pluridisciplinaire

Adler, nous l'avons vu, ne se contentait pas d'étudier le problème particulier d'un enfant. D'une part, il étudiait la dynamique du groupe familial dans son ensemble, y compris, parfois, celle des générations précédentes, d'autre part il s'intéressait aux conditions socio-économiques de l'environnement.

> Ainsi, il reçoit une fillette de cinq ans qui est *nerveuse,* disent les parents, et qui a recommencé à mouiller son lit. Cela se produit presque chaque nuit.
>
> Il constate que le père, un homme de quarante ans, est au chômage et ne parvient pas à retrouver un travail, ce dont il se montre blessé dans sa virilité, d'autant que sa femme se voit obligée, pour nourrir la famille, de travailler comme couturière en journée.
>
> L'enfant a donc un père extrêmement anxieux, tourné vers ses propres problèmes, qui ne comprend pas ceux de sa fille et, pour se faire obéir, utilise la manière forte. Pendant que la fillette prend son repas (elle n'a sans doute pas d'appétit), le père reste à côté d'elle avec un bâton à la main.
>
> Quant à la mère, elle part tôt le matin et rentre tard le soir, de sorte qu'elle s'occupe très peu de l'enfant : celle-ci n'a d'autre ressource, pour obtenir des soins de sa mère, que de mouiller son lit et de la réveiller.

Le médecin qui est consulté dans de semblables cas saura-t-il comprendre le *sens* du symptôme ? Adler exige de lui davantage que des connaissances purement médicales :

> « *Nous demandons à juste titre que le médecin en particulier possède une connaissance des hommes et nous savons qu'une question aussi vitale que les relations entre médecins et malades aboutissent toujours à un échec si le médecin est dépourvu d'une connaissance des hommes ou des méthodes d'éducation.* » (P.T., p. 330)

Michaël Balint, remarquable psychiatre et psychanalyste, devait se charger de réaliser, au cours des années 1960, le vœu d'Adler. Par des groupes de parole destinés aux médecins généralistes, par ses ouvrages[13], il palliait l'absence de formation psychologique de cette profession et lui ouvrait la clef des données psychosomatiques.

Mais s'il s'agit d'améliorer l'ordinaire d'une famille, de trouver un travail pour un chômeur, de combattre une promiscuité étouffante en améliorant le logement, le médecin ou le psychologue n'y suffiront pas. C'est un travail de réseau qui leur est demandé.

---

13. Michaël Balint, *Le médecin, son malade et la maladie*, Paris, 1960 et *Pratiques thérapeutiques en médecine*, Payot, 1961.

Adler déplore que médecins et éducateurs ne travaillent pas en collaboration chaque fois que cela s'avère nécessaire.

> « *Par la collaboration entre médecin, instituteur, parents et enfant, il sera toujours possible de trouver la bonne voie thérapeutique pour amplifier la faculté de coopération du caractériel.* » (P.T., p. 339)

Bien que chaque profession ait tendance à défendre jalousement ses prérogatives et ses dogmes, nous avons assisté à une véritable évolution dans ce domaine, mais il a fallu les années 1960 pour que devienne officielle, dans les hôpitaux psychiatriques, l'organisation du travail pluridisciplinaire en secteur, telle que l'aurait souhaitée Adler. Quant à l'école, elle s'est ouverte, mais bien timidement, à l'apport des psychologues.

L'être humain appartient à un système de relations composé de nombreux sous-systèmes, qui se multiplient avec l'âge : sous-système familial, scolaire, professionnel, politique, associatif, de voisinage, de région, de nation, etc. Tous ces sous-systèmes inter-réagissent comme les cellules d'un organisme. L'élargissement de l'activité à différents cercles, un passage souple de l'un à l'autre, concourent au développement harmonieux de la personnalité. Adler avait pointé ces inter-relations complexes.

Un problème familial peut découler de blocages à un niveau ou à un autre. Le travail interdisciplinaire, y compris avec des représentants de la justice, permet aujourd'hui à des équipes de recueillir des informations en remontant sur plusieurs générations à partir d'une personne en détresse. Confrontées à des cas dramatiques, meurtres, suicides, incestes, enfants en danger, ces équipes découvrent le plus souvent que le scénario catastrophique s'est répété de génération en génération. Il est alors grand temps d'intervenir pour tenter de désamorcer cette *fatalité* à l'antique afin qu'elle ne s'abatte pas sur une famille jusqu'à son dernier survivant.

Moins dramatiques, ne nécessitant pas un appareil d'investigation aussi étendu, certaines situations, qui interrogent le psychologue, peuvent être éclairées par l'examen de l'ascendance familiale.

Ainsi, le cas de cet homme qui, arrivé à la cinquantaine, se conduit soudain de façon ignoble envers sa sœur aînée. On s'aperçoit, à l'analyse, que la famille présente une longue suite de générations construites sur un matriarcat affirmé et sur la castration des mâles, qui sont placés sur un piédestal pour mieux se trouver neutralisés. On les loue, on les sert, mais ce ne sont pas eux qui mènent la barque. Les femmes de cette famille se conduisent comme des mantes religieuses.

Cette situation a amené notre homme à une révolte larvée qui s'est brutalement enflammée sous l'influence d'un événement familial. Il n'ose

- s'attaquer à sa propre femme mais se rattrape avec sa sœur, plus fragile, espérant ainsi démontrer sa virilité. Sans être conscient de ce changement de cap, il prend des décisions arbitraires, comme de faire passer sous tutelle leur mère veuve, pousse sa sœur à renoncer à sa future part d'héritage, la met devant le fait accompli. Il semble ainsi se venger et venger toute une lignée d'hommes écrasés par le pouvoir féminin.

La connaissance du milieu est donc précieuse. Là où les donneurs de leçons laissaient cet homme indifférent, il fut intéressé par la perspective élargie que je lui laissai découvrir lorsqu'il me consulta. Il reconnut que le rôle de « Vengeur de Mâles », si valorisant soit-il, l'amenait à persécuter une innocente, simplement parce qu'elle représentait le « sexe ennemi » et il modifia son attitude envers elle.

🔍 *Synthèse*

- Dès 1920, Adler reçoit des enfants en difficulté accompagnés d'un ou des deux parents, parfois de leur maître d'école.
- Il organise des séances de synthèse au sein des écoles en collaboration avec les familles, les enseignants, les travailleurs sociaux, les médecins, certains venant pour parler de l'enfant, d'autres pour apprendre de nouvelles méthodes.
- Les adultes ont besoin d'être conseillés, mais aussi compris dans leurs difficultés personnelles et aidés dans ce « métier de parent », le plus important de tous et qui, curieusement, ne s'enseigne pas.
- Adler a été un des premiers psychologues à démontrer que le symptôme de l'enfant est presque toujours le résultat des difficultés rencontrées par les parents.
- Les « écoles de parents » actuelles sont des héritières directes de sa méthode.
- Les problèmes des familles sont aussi bien d'ordre social que psychologique. D'où la nécessité que les intervenants, éducateurs, travailleurs sociaux, médecins, interviennent en réseau.
- Grâce à la pluridisciplinarité des intervenants, un travail d'analyse peut être mené sur les antécédents familiaux où le même scénario pathologique se reproduit parfois d'une génération à l'autre.

Chapitre 12

Le côté inutile de la Vie

Lorsque le sentiment d'insécurité ou d'« incomplétude » devient difficile à supporter et entraîne des problèmes relationnels, il existe différentes manières de retrouver la confiance en soi et des liens positifs avec autrui. Nous pouvons, par exemple, nous consacrer à des tâches intéressantes qui mobiliseront nos meilleures compétences et relativiseront notre sentiment d'incapacité ; améliorer nos connaissances, notre savoir-faire, nos performances physiques ; prendre conscience de nos propres responsabilités en cas d'échec, participer à des associations ; nous faire aimer pour l'attention que nous portons aux autres et non par des faux-semblants. Avant tout, traiter l'autre comme un égal et privilégier la coopération plutôt que la compétition.

Il s'agit là de compensations productives ; c'est ce qu'Adler appelle *œuvrer du côté utile de l'existence.*

Ceci est à la portée de tous : théoriquement, tout être humain possède l'équipement psychique qui le rend capable de s'adapter à la réalité, même si les obstacles pour y parvenir ne sont pas également répartis.

> « *L'homme sain recherche des fictions, des idéaux, des principes et des lignes d'orientation,* […] *mais il se possède suffisamment pour pouvoir, lorsqu'il s'agit de prendre une décision, se dégager des abstractions et tenir compte de la réalité.* » (T.N., p. 39)

On pourrait ajouter que cet « homme sain » a acquis, dès l'enfance, une dose suffisante d'optimisme, de courage et d'intérêt social, et que ces éléments l'aident considérablement à franchir des épreuves anxiogènes. S'il n'est pas happé par la fascination du but fictif idéal, c'est qu'il élabore, pour assurer son équilibre, un projet de vie réaliste.

Adler en témoigne par sa propre expérience, lui qui, après avoir rêvé de « vaincre la mort » (« être Dieu »), s'est donné pour idéal de devenir un bon médecin, soucieux de ses patients.

L'être sain qui subit une grave épreuve peut en éprouver un choc, puis il surmontera sa peur ou sa tristesse. Une des caractéristiques du névrosé, c'est que sa frustration perdure, il la rumine et juge le monde à travers elle, comme si une voix intérieure lui soufflait : « N'oublie pas, reste sur tes gardes ! » Ce besoin de vigilance renforcée l'amène à adopter une pensée bipolaire rigide (le bien et le mal, le viril et le féminin, le juste et l'injuste etc.) au lieu d'une attitude souple, susceptible de faire face à la réalité.

Adler souligne, à ce sujet, que le névrosé rejoint la pensée primitive, la mythologie ou les notions dogmatiques des premiers philosophes (Aristote…) : en effet, il s'accroche à des schémas, établit des couples opposés comme chaud et froid, lourd et léger, fort et faible, alors qu'il s'agit de *variations,* et fonde sa conduite sur des préjugés qui représentent des « béquilles assurant sa sécurité ».

Le but idéal que se donne un individu est différent des buts concrets, partiels, qu'il adopte au cours de sa vie, comme d'apprendre des langues ou d'être plus gentil avec ses vieux parents. Il s'agit d'un modèle dans sa perfection globale : être un Sauveur, être Dieu, tout connaître, devenir un martyr de la Foi… Le névrosé, lui, a perdu le sens des proportions et mène sa vie fébrilement, comme s'il lui était possible d'atteindre ce but, comme s'il devait à tout prix y parvenir.

> *« Le névrosé, semblable en cela à l'enfant encore étranger au monde et à l'homme primitif, s'accroche au fétu de paille de la fiction, la substantialise, lui confère arbitrairement une valeur réelle et cherche à la réaliser. Et c'est à quoi elle ne se prête pas. »* (T.N., p. 39)

Pour diriger sa propre vie, toute personne doit accomplir trois démarches :
- estimer de façon approximative ses propres capacités ;
- se fixer un but cadrant avec ces capacités et en accord avec l'intérêt d'autrui ;
- jouir d'un optimisme suffisant pour s'y diriger avec toute son énergie en dépit des échecs possibles.

Le névrosé a, en quelque sorte, raté ces trois… (dé)marches : même s'il prétend le contraire, on s'aperçoit qu'il n'a qu'une piètre estime de soi, qu'il s'est fixé, en guise de *surcompensation,* un but exorbitant qui oublie de tenir compte des autres, et que l'absence d'optimisme lui fait redouter l'échec. Car il se voit acculé à une tâche impossible, consistant à obéir à la fois aux exigences du réel et à celles de son monde imaginaire. La communauté, dont il néglige l'intérêt pour ne promouvoir que le sien, n'attend qu'une occasion de l'abattre.

Des chemins de traverse

La névrose est un phénomène complexe, qui a reçu nombre de définitions. Adler, en la considérant du point de vue final et non causal, en a éclairé des aspects essentiels. Si un individu est effrayé par l'étendue de ses propres responsabilités, la difficulté de prendre des décisions, la peur de l'échec, il s'attachera, inconsciemment, à un but qui lui permette de se tenir en retrait tout en conservant la croyance en sa propre valeur. Plus l'étau se resserre autour de lui, plus il manifeste de symptômes, et c'est à cause de ces troubles qu'il vient consulter. Or, s'attaquer aux symptômes ne sert à rien si on ignore le but fictif. En revanche, si l'on parvient à infléchir ce but erroné, les symptômes disparaîtront, car ils n'auront plus aucune utilité.

Adler en cite de nombreux exemples : soit une de ses patientes, une jeune fille qui redoutait le mariage (« être dominée par un homme ») ; chose étrange, elle était énurétique à dix-sept ans. D'autres jeunes filles, dans la même situation, présentaient des crises nerveuses, développaient une maladie de peau ou se découvraient une vocation religieuse exaltée. Le choix du symptôme pouvait être analysé, mais l'essentiel demeurait de connaître le but auquel il servait de prétexte, de saisir pourquoi ces personnes étaient si effrayées à l'idée de trouver un compagnon ; ensuite, on s'efforcerait de le leur faire comprendre.

Celui qui doute de pouvoir atteindre son but fictif de supériorité quitte la ligne qui le mène vers ce but et s'engage dans des chemins de traverse, virant à droite ou à gauche pour éviter les pièges que lui tend la vie :

> « *Car la vie est un mauvais maître, elle n'a aucune indulgence : elle ne nous exhorte pas, et même elle ne nous enseigne pas, mais elle nous éconduit froidement et nous laisse tomber.* » (C.H., p. 243)

Si un patient semble avoir abandonné son ambition suprême, c'est qu'il cherche à l'atteindre par des voies détournées. D'où une série de manœuvres, de ruses, d'alibis pour maintenir un équilibre branlant.

On comprend qu'Adler appelle ce genre de manifestations : *œuvrer du côté inutile de l'existence*. C'est, en effet, dépenser beaucoup d'énergie pour un résultat nul ou nuisible, c'est se battre contre des moulins à vent.

> « *La fiction d'un but de la supériorité, en flagrante contradiction avec la réalité, semble se présenter comme les prémisses essentielles de notre vie, nous enseignant à différencier, déterminant notre attitude et notre assurance, guidant nos actions et nos gestes, incitant notre esprit à se perfectionner. Mais, à côté de l'aspect positif de cette fiction, il en est un autre, négatif. Cette fiction crée dans notre vie une tendance hostile et agressive, nous prive de la spontanéité et du naturel de nos impressions et s'efforce constamment de nous éloigner de la réalité en la déformant. Celui qui considère ce but de la supériorité, le prenant à la lettre, se verra bientôt contraint de fuir la vie réelle faite de compromis pour rechercher une vie en marge de la réalité sociale ; dans le meilleur des cas trouvant asile dans le domaine de l'art, mais le plus souvent échouant dans le piétisme morbide, dans la névrose ou dans la délinquance.* » (P.T., p. 24)

L'allusion aux artistes est fréquente chez Adler. Ils sont, nous dit-il, « *du même bois dont on fait les névrosés* » (P.T., p. 161). Comme eux, l'artiste ou le poète restreint le plus possible son domaine vital afin de protéger son imaginaire, mais il ne s'y enferme pas, laissant filtrer, de la réalité, ce qu'il peut incorporer à sa création. Il convertira ainsi ses interrogations anxieuses en une œuvre qui enrichira ses contemporains. S'il a du génie, c'est l'humanité entière qui bénéficiera de son travail.

Freud a appelé *sublimation* des pulsions ce mécanisme de défense, le seul qui puisse mener d'une situation de malaise, de tristesse, de solitude, d'anxiété, de désespoir vers une réalisation positive, voire grandiose.

La différence entre l'artiste et le névrosé, c'est que le premier cherche sans cesse des voies nouvelles alors que le second reste crispé sur la maintenance du *statu quo,* de ce style de vie dont il n'ose pas se départir et qui doit lui assurer la domination sur les aléas de la vie.

Malheureusement, nombre de ces artistes et écrivains échouent : ils sont pris de doutes, de trac ou d'ambition excessive, la névrose reprend le dessus ; plus ils luttent pour la réalisation et le succès, plus ils craignent la chute dans l'abîme. Ou bien c'est dans le domaine de la vie quotidienne qu'ils se sentent mis en question : ils se voient obligés de prendre position par rapport à l'amour, à la sexualité, au mariage ou à la simple nécessité de gagner leur pain. L'exigence de la réalité peut alors faire sentir à l'artiste qu'il n'est pas, comme il le croyait, un « homme complet » et l'amener à des « arrangements » nuisibles – isolement, dénigrement d'autrui, tyrannie familiale – ou plus graves – manie de persécution, folie des grandeurs, suicide. Le *Canard sauvage,* d'Ibsen, nous montre un écrivain « raté » : soucieux de maintenir la fiction qu'il est un grand homme, il entraîne toute sa famille dans la catastrophe finale.

Pour lutter contre le risque d'être critiqué, dévalorisé, et contre l'humiliation qui le guette, pour tenter de retrouver ce qu'Adler appelle le *sentiment de personnalité,* le névrosé s'accroche à un point fixe, le but idéal, et toute l'orientation de sa démarche vers ce but se rigidifie. Il va falloir être constamment le premier, le meilleur, le plus puissant, et les aspects de la personnalité, normalement utilisés comme des *moyens* d'arriver à une certaine fin, deviennent une *fin* en soi.

> « *On peut dire que le névrosé « veut tout avoir ». Ce désir insatiable de tout avoir sans jamais être satisfait se rattache à la principale fiction du névrosé, à son aspiration d'être le plus fort.* » (T.N., p. 34)

Dans *Le tempérament nerveux,* Adler analyse en ce sens des symptômes comme l'avarice, la thésaurisation, la kleptomanie, le fétichisme, le viol...

Les arrangements, les excuses sont le lot habituel du névrosé. Ses choix de vie manifestent un état de lutte permanente – contre ses contemporains, contre les événements, contre ce qu'il considère comme « la destinée » –, où il ne se reconnaît aucune responsabilité. Il doit imposer un personnage idéal qu'il ne saurait atteindre et craint sans cesse d'être démasqué, même si ces craintes ne parviennent pas jusqu'à sa conscience. Il a les yeux fixés sur l'avenir, sur tout ce qui pourrait lui advenir de fâcheux et oublie la réalité présente où se situe la véritable tâche d'un être humain.

La tendance à avoir toujours le dernier mot et à rabaisser autrui (pour se faire valoir soi-même) est constante chez les névrosés, et la dévalorisation de l'autre sexe est l'une des pierres d'achoppement du couple. Leur esprit critique est l'objet d'un développement extraordinaire ; ils perçoivent les faiblesses d'autrui avec une particulière acuité et, fait remarquer Adler, s'érigent en juges *sans avoir eux-mêmes contribué utilement au bien de leur entourage*.

Adler précise même que certains névrosés, dont la tendance à la dépréciation dépasse toute mesure, n'hésitent pas à se faire du tort à eux-mêmes si cela peut léser les autres. Cette remarque rappelle un conte populaire : un homme jaloux de son voisin se vit offrir par une fée la réalisation d'un vœu, mais ce qu'il recevrait d'elle, le voisin en recevrait le double. L'homme, après avoir mûrement réfléchi, souhaita qu'elle lui crève un œil – ainsi, il serait borgne, mais son ennemi deviendrait aveugle !

La dépréciation peut s'appliquer à un seul objet, comme dans la fable *Le renard et les raisins* (ce qu'il ne peut obtenir, il le dévalorise) ou être généralisée : un névrosé peut déprécier *les* noirs, *les* homosexuels, *les* habitants de tel quartier ; il peut le faire en paroles ou par ses actes, tel don Juan, qui dévalorise les femmes en les « consommant » comme vile marchandise. Sa critique d'autrui peut, en s'exacerbant, mener à la haine et au crime. L'ambition d'être le premier, le meilleur, qui a poussé en avant le névrosé, dès qu'elle se heurte à des obstacles trop élevés, se place devant lui et l'empêche d'avancer : « Attention, danger ! », le danger étant toujours la chute du haut vers le bas, comme on le voit souvent représenté dans les cauchemars.

Le névrosé, d'abord ambitieux puis découragé par ses échecs, reste bloqué dans la nostalgie et la plainte, même s'il affiche la plus grande assurance. Il est toujours ambitieux, mais il s'est lui-même barré la route par le mauvais arrangement de sa vie. L'insatisfaction perpétuelle, cause de mauvaise humeur, le manque d'intérêt pour les autres, le besoin de se protéger des exigences du monde, la peur d'être jeté à bas du piédestal où il s'est hissé et tente de se maintenir, l'amènent à prendre ses distances. Il interpose, entre ses rêves et la réalité, une « montagne de futilités ».

Fuite devant le réel

Adler nous livre cette parabole : la réponse du névrosé à la question « Où étiez-vous lorsque Dieu partagea l'univers ? », est invariablement : « J'étais malade », ou « J'étais dans ma cachette, derrière la montagne ». Dans un monde où le véritable idéal, pour chacun, est d'accomplir sa tâche journalière, le névrosé, qu'Adler compare à un « déserteur », ne trouve pas sa place.

Rappelons que les termes qu'il emploie ne constituent jamais un jugement moral, seulement un état de fait dont le névrosé souffre plus qu'il ne profite, craignant sans cesse tout ce que la vie lui réserve. C'est ainsi que les névrosés en arrivent à ne s'occuper que d'eux-mêmes au lieu de s'intéresser au monde extérieur et à s'imposer une routine qui leur évite toute situation imprévue, tout problème auquel ils n'auraient pas pris soin de se préparer.

On observe chez eux, même si cette attitude est masquée par leur hyperactivité, un état de doute, d'hésitation, de désarroi, un « oui, mais... » dont le *mais* (un « non » camouflé) devient rapidement plus puissant que le *oui*, paralysant la volonté. Adler donne des exemples frappants de cette « attitude hésitante ».

> « *La définition précise de toute névrose se résume dans cette antithèse : « Oui, mais... »* (P.T., p. 208), qui suppose l'édification de dispositifs de sécurité et la tendance à l'exclusion, le sujet créant une distance protectrice entre lui, la réalité et autrui.

Que cet état de tension entraîne des troubles fonctionnels (migraines, problèmes respiratoires...) ou simplement caractériels (un mécontentement quasi permanent dont l'entourage subit les retombées), cela n'a rien d'étonnant. Il n'y a pour le névrosé aucun repos, il est toujours sur le qui-vive, hypersensible à ce qui pourrait atteindre son image, excessivement émotif, attaché de façon rigide à tout ce qui concerne, selon lui, les notions de « haut » et de « bas ». Il ne vit jamais dans le présent mais garde les yeux fixés sur l'avenir. Jeté à la poursuite de son rêve égocentrique, il est confronté à des situations contradictoires ; au lieu de les résoudre en revenant au réel, il s'ancre de plus en plus fortement dans l'idée du but fictif à atteindre, ce qui le conduit à l'impasse. Adler présente le névrosé comme une personne qui fonctionne perpétuellement non *dans la vie* mais *à côté de la vie*. Effrayé par le terrain de lutte qu'est le monde, où chacun d'entre nous doit faire ses preuves, « *il établit un champ de bataille secondaire et élude le front principal de la vie* » (P.T., p. 208).

C'est cela qu'Adler appelle aussi : *œuvrer du côté inutile de l'existence*, et il cite en exemple le cas extraordinaire de ce Russe, Harpagon Soloviev, qui se laissa mourir de faim et de misère, ignoré et criblé de dettes, alors que 170 000 roubles – une fortune – étaient cachés chez lui sous des papiers sales. Adler le soupçonne d'avoir voulu se venger de son entourage, qu'il avait réduit à la mendicité, et, dans sa folie, d'avoir poussé la vengeance jusqu'au point extrême où il se condamnait lui-même à mort. Mais comme il a dû se réjouir, conclut-il, cet homme qui pouvait s'introduire dans la plus haute société et qui préféra « jeter dans la boue sa baguette magique », se trouvant élevé, par le mépris où il les tenait, au-dessus de tous les hommes !

> *« L'attente de faits nouveaux, pour le névrosé, signifie toujours l'attente ou la perspective de nouvelles luttes et de nouvelles défaites. Aussi cherche-t-il à se procurer des assurances intensives, dont le suicide constitue la limite extrême. »* (T.N., p. 39)

Même s'il ne va pas jusque-là, le névrosé a recours à des symptômes dont les effets sont souvent extrêmement désagréables mais dont il se fait, inconsciemment, une arme.

À la question : « Comment est-il possible qu'un individu s'inflige de pareilles souffrances parce qu'il ne parvient pas à atteindre une illusion de puissance ? », Adler répond :

> *« Ne savons-nous pas que plus d'un d'entre nous est capable de souffrir toute sa vie durant pour une bulle de savon ? N'avons-nous tous pas la « volonté de paraître », et cette volonté ne nous pousse-t-elle pas à supporter des maux de toute sorte ? »* (T.N., p. 209)

Le névrosé, ajoute-t-il, préfère se soumettre à toutes les souffrances nerveuses plutôt qu'à la mise à nu de son manque de valeur.

J'aimerais citer ici la curieuse analyse que fait Adler du *bégaiement*. C'est la marque d'un manque très prononcé de confiance en soi, mais il est trop simple d'attribuer à un symptôme une seule signification. L'un des patients que reçut Adler utilisait ce défaut de prononciation pour faire échouer le projet paternel qui voyait en lui un futur avocat. Ainsi, il n'avait pas à s'opposer de front à un père qu'il craignait :

> *« Dans la suite, il utilisa ce symptôme de mille autres manières. C'est ainsi que le bégaiement lui permettait de gagner du temps pour observer son partenaire, pour peser ses paroles, pour se soustraire aux exigences de sa famille, pour exploiter la compassion des autres, ainsi que le préjugé en vertu duquel on ne faisait pas grand fond sur lui, ce qui lui permettait de dépasser facilement toutes les attentes. Ce qui est intéressant, c'est que son bégaiement, pourtant assez frappant, loin de lui nuire auprès des femmes, le faisait au contraire bien voir d'elles, ce qui, à mon avis, s'explique par le fait que beaucoup de jeunes filles recherchent pour mari un homme qui leur soit inférieur, qu'elles puissent dominer. »* (T.N., p. 105)

L'analyse de ce cas montra aussi que le bégaiement était utilisé comme une malédiction, une sorte de mystérieuse marque divine.

Par des symptômes morbides ou des traits de caractère invalidants, le névrosé cherche à obtenir l'un ou plusieurs de ces avantages :

1. Une **excuse,** si la réussite – qu'il désire triomphante – ne répond pas à ses efforts.
2. Une **remise à plus tard** des solutions pour le problème qui l'embarrasse.
3. Une **valorisation** de ses succès, puisqu'il les a atteints *malgré* les obstacles et les souffrances.

Car les alibis qui lui permettent de *fuir ses responsabilités,* au premier plan les symptômes morbides, mais également la rigidité des jugements (« Je n'accepterai jamais tant que je vivrai d'avoir affaire à telle catégorie de personnes »), ont un double avantage : servir d'excuse à ses échecs, valoriser ses réussites.

> « *La question vitale du névrosé n'est pas : que dois-je faire pour m'adapter aux exigences de la société et construire une existence heureuse, mais : comment façonner ma vie pour construire ma recherche de la supériorité et transformer mon sentiment d'infériorité immuable en un sentiment de ressemblance à Dieu ?* » (P.T., p. 58)

Avant toute entreprise tant soit peu risquée, un névrosé installe un filet de rattrapage, comme l'équilibriste dont la chute éventuelle sera ainsi amortie.

> « *Car si quelqu'un accomplit assidûment son travail, muni de toute la préparation requise, quoi d'étrange à le voir réussir ? La chose va de soi. Si, au contraire, on a commencé en retard, si on travaille trop peu ou sans y être du tout préparé et que, néanmoins, on vienne à bout de l'ouvrage, alors [...] l'artisan devient pour ainsi dire un double champion, car il a accompli d'une seule main ce que les autres ne peuvent faire qu'à l'aide des deux mains.* » (C.H., p. 204)

Le névrosé tente de bannir de sa vie les surprises, les risques, pourtant indissociables de la vie. S'il est pris de court, s'il se présente une épreuve qu'il n'est pas certain de surmonter (concours, responsabilité professionnelle, amour...), soit il se dérobe, soit il s'entoure d'infinies précautions pour ne pas en assumer l'entière responsabilité.

On peut citer, comme exemple du premier cas, l'étudiant qui tombe malade ou manque son train le matin d'un examen, et, comme exemple du second, celui qui se plaint d'insomnies sévères les nuits précédentes. Le premier se soustrait à l'épreuve (de même que cette pianiste citée par Adler qui fut prise de crampes des doigts le jour de son premier concert). Le second s'assure autrement : s'il rate l'épreuve, il pourra considérer que cet échec est dû à la grande fatigue qu'il éprouvait. S'il la réussit, son mérite en sera multiplié.

Les phobies de toutes sortes, agoraphobie, claustrophobie, peur des araignées, des souris, du sang, etc., présentent l'avantage de canaliser l'angoisse du patient dans un domaine bien précis, qu'il pourra éviter, même si cela lui cause une grande gêne. Elles lui permettent aussi d'obtenir en quelque sorte de biais la satisfaction de ses désirs sans prendre le risque de se découvrir.

> Une claustrophobie qui interdisait à une jeune fille l'utilisation du métro lui permit, pendant plusieurs mois, d'être raccompagnée chez elle en voiture par un collègue serviable. Amoureuse de lui, elle était beaucoup trop timide ou trop fière pour lui faire des avances et se procurait ainsi agréablement sa compagnie. Ayant réussi à le conquérir, puis à l'épouser, elle vit disparaître cette phobie, qui avait joué son rôle, mais d'autres symptômes apparurent.
>
> Elle était gagnante en effet, pourtant son sentiment d'infériorité n'avait pas évolué. Persuadée que son succès était dû seulement à la pitié qu'elle avait éveillée, elle doutait toujours autant de sa propre valeur et de son pouvoir de séduction. Elle pensait que son mari, lorsqu'il la connaîtrait mieux, ne l'aimerait plus et que seule la maladie l'obligeait à rester auprès d'elle.

Le malade qui souffre de névrose obsessionnelle, angoissé par les demandes contraignantes que lui impose la société, s'en délivre par un subterfuge : craignant de manquer aux obligations sociales, il s'en crée de toutes pièces ; ses contraintes intérieures (rites de lavage, de prière, de remémoration etc.) dévorent son temps et son énergie. Elles sont plus pénibles que les exigences de la réalité, deviennent de plus en plus épuisantes, mais lui donnent l'impression que, de ce côté, c'est lui qui maîtrise la situation. Dominer ses propres épreuves le dispense de tenir compte des mêmes règles que le commun des mortels, règles qui impliquent des comparaisons, des concurrences et menacent de le mettre en infériorité.

> Ainsi, cette femme qui, lorsqu'elle fait le ménage dans sa maison, doit se répéter intérieurement, à chaque opération, chacun des gestes qu'elle a accomplis auparavant. De ce fait, elle se voit excusée de n'avoir pu finir son travail et doublement louée pour les résultats obtenus.
>
> Un malade déclare qu'il doit prier sans cesse, sinon sa mère mourra. Il réussit la triple performance d'atténuer son anxiété, puisqu'il existe un recours (qui tient de la pensée magique), de pouvoir se juger plus actif, plus consciencieux que les autres et surtout de se hausser au rang de *maître de la vie et de la mort,* soit, de Dieu Lui-même. Ces manœuvres le détournent de l'essentiel : l'acceptation de la mort.

Le scénario inconscient

Il peut sembler que le névrosé aurait tout simplement intérêt à peser les avantages et les inconvénients de son style de vie, ces derniers étant de beaucoup les plus lourds, mais cette remise en question n'est pas simple : elle nécessite soit, comme le formule Adler, *un haut degré d'autocritique,* soit un travail sur soi accompli avec un analyste. En effet, l'organisation de la psyché névrotique est inconsciente. L'inconscience, on pourrait dire la *mise en inconscient,* est l'un des moyens que nous employons pour ne pas avoir à réviser notre plan de vie, qui ne résisterait pas à une critique rationnelle. Il s'ensuivrait nécessairement un changement d'orientation : c'est ce que le névrosé craint plus que tout. Nous le voyons donc resserrer les mailles du filet où il s'est pris lui-même plutôt que d'affronter une situation nouvelle. Car, pour lui, tout doit être prévu et circonscrit afin de parer à l'angoisse de l'inconnu. Il lui arrive d'aller, naïvement, au-devant d'un échec pour renforcer ses propres défenses.

> Une de mes patientes, une jeune secrétaire, se plaignait d'être anormalement timide. Comme, au cours des premiers entretiens, elle commençait à prendre confiance en elle, elle se présenta à ma consultation en me reprochant de l'y avoir encouragée : se sentant plus sûre d'elle, elle avait demandé une augmentation de salaire à son directeur et s'était fait éconduire fort désagréablement. Le détail de cette entrevue montrait qu'elle avait tout fait pour subir une telle avanie : moment mal choisi, demande excessive, réaction d'agressivité devant les hésitations du directeur. Cette entrevue *savamment ratée* lui permettait de conclure : « J'avais raison de rester dans mon coin, je ne demanderai plus rien à personne. » Adler aurait dit qu'elle jouait avec le danger ou qu'elle « courait après les gifles ».
>
> Il fallut d'autres séances pour mettre à jour son but fictif, qui était de devenir une parfaite victime, humble et consentante. Cette jeune fille s'appelait *Blandine*… mais ceci est une autre histoire !

Ainsi, le patient se forge un *scénario de vie* (le mot sera repris par Fritz Perls en *gestalt-therapy*) et un personnage idéal, qui est son modèle. Il utilise dans ce but les premières impressions d'enfance, rejoue les conduites qui lui ont alors été avantageuses, évite les autres, s'inspire de personnages réels ou fictifs, de stars, d'artistes, de héros incontestés. Ces identifications, qui demeurent dans son inconscient, l'entraînent inévitablement vers un sentiment d'échec et il s'entoure de mille précautions pour fuir ou masquer cet échec, au point de perdre le contact avec autrui et avec le réel. Lorsqu'un proche, agacé, lui jette : « Arrête de faire ton cinéma », il n'est pas loin de la vérité. Cette identification à des héros est représentée avec humour dans le film d'Alain Resnais, *Mon oncle d'Amérique,* où chacun des trois personnages tente, inconsciemment, de se conformer à son image fétiche, celle d'une célèbre vedette de cinéma : à des moments de stress, on voit apparaître sur l'écran, comme une vision intérieure, une brève séquence en noir et blanc où apparaît le modèle idéal. Ainsi, lorsque le malheureux Ragueneau lutte contre une sensation désespérante de sa propre nullité, qui aboutira à une tentative de suicide, c'est Jean Gabin qui nous fait face, s'appuyant des deux poings à sa table et se levant avec lenteur, coudes écartés, regard menaçant, dans toute la puissance de sa large carrure : l'image même de la virilité, un rêve pour le pauvre Ragueneau !

Jeu avec les symptômes

À noter que de nombreux sujets présentent des tendances névrotiques sans en subir de conséquences graves. Ils mènent une vie satisfaisante, à moins qu'un facteur exogène – perte douloureuse, rupture, trahison, désastre financier... –, ne vienne menacer l'équilibre de cette construction aussi complexe que fragile et fixer les symptômes. Rappelons que, pour Adler, les trois grandes épreuves de la vie concernent « *la vie en société, la profession, l'amour*, qui *établit ses liens sur le pied d'une profonde camaraderie* » (C.H., p. 206), qui « est *une communauté de travail, sans inférieur ni supérieur* » (C.H., p. 221). Il ajoute que ces trois épreuves ne sont pas des devoirs fortuits : ils sont *inéluctables*.

Dans ces domaines, un individu qui a réussi à vivre paisiblement peut se trouver soudain confronté à un problème qui lui paraît insoluble et perdre pied. C'est souvent à la suite de tels événements que nous voyons arriver les patients, désemparés par l'échec de leurs infinies précautions.

Ils se plaignent alors d'anxiété, de troubles fonctionnels, de phobies, d'obsessions. Ils sont atteints d'anorexie ou de boulimie, de migraines, dorment mal et se sentent perpétuellement fatigués. Ces manifestations pathologiques sont réelles, et le sujet en souffre, parfois même de façon insupportable, mais tout est bon pour éviter l'épreuve redoutée du réel et de la responsabilité. Mieux vaut un alibi, même douloureux, un retrait, même pénible, qu'un affrontement qui pourrait se terminer en perdant la face.

On voit parfois un patient, qui a multiplié les faux-fuyants et les précautions au point d'en être épuisé, baisser la garde. Par exemple, il a fui les femmes de peur d'être déçu, puis soudain tombe amoureux et se voit abandonné. Il s'ensuit un bref apaisement : ce qu'il craignait est arrivé, il n'a plus à s'angoisser, et le monde entier est témoin qu'il avait raison de se méfier. Il reprend donc ses distances par rapport aux femmes, et le soulagement ne peut durer, puisque le problème n'est pas résolu.

> Même processus chez ce patient que cite Adler : il souffre d'une obsession de la propreté, se lavant les mains vingt fois par jour, évitant à tout prix les toilettes publiques et prenant d'autres précautions. Atteint d'herpès, il voit un moment se calmer son anxiété : il n'a plus à anticiper la contagion, puisqu'elle s'est manifestée. Puis sa méfiance redouble. Il hésite maintenant à serrer la main de l'analyste, sous prétexte qu'il craint de le contaminer. Un peu plus tard, il avoue qu'il soupçonne cet analyste – belle forme de résistance ! – de lui avoir transmis la maladie. Ne serait-ce pas une métaphore pour la *lucidité* à laquelle l'invite l'analyste, et qui détruirait son système de défense psychologique, percerait sa « carapace » ?

Que les névrosés se plaignent de troubles physiques ou psychiques, ils en accusent la destinée, l'hérédité, les parents et soupirent : que n'accompliraient-ils pas s'ils étaient en parfaite santé !

« Que feriez-vous, interrogeait Adler, si vous étiez bientôt guéri ? » Selon lui, la réponse du patient indiquait toujours ce qu'il craignait le plus au monde d'entreprendre, *le problème vital qui l'obligeait à prendre la fuite.*

Si le névrosé se révèle à l'analyste de façon immédiate par son comportement, ses interrogations, ses plaintes, il est vrai que chacun possède son propre système de défense, souvent fort complexe. Il faut souvent de nombreuses séances pour en détecter les éléments.

Ainsi, on peut se laisser tromper par quelqu'un qui se montre humble, modeste, soucieux d'autrui, s'effaçant devant lui ; en réalité, il connaît le jeu social et tente, par ces apparences, de masquer sa volonté de puissance et son égocentrisme. Le névrosé reçoit avec volupté des éloges et, d'un même mouvement, les rejette, car, dans sa grande méfiance, il craint toujours la chute si on l'estime trop.

On constate ici cette complexité de la conduite névrosée : le sujet peut éprouver *réellement* un violent sentiment d'infériorité, le compenser par une ambition démesurée et cacher cette ambition en s'autodépréciant ; sans compter que l'autodépréciation représente une attaque masquée contre autrui, qu'elle prend, pour ainsi dire, en écharpe ; tout cet (épuisant) travail de construction s'accomplissant dans une zone inconsciente ou semi-inconsciente du psychisme.

De la santé à la folie, un continuum

> *« Au cours de nos recherches*, écrit Adler, *nous ne tardâmes pas à reconnaître que ces anomalies, complications et échecs psychiques, si souvent inhérents aux cas pathologiques, n'ont au fond, dans leur structure, rien qui soit étranger à la vie de*

l'âme chez le sujet réputé normal. Ce sont les mêmes éléments, les mêmes données ; tout est seulement plus en relief, plus abrupt, plus net, plus aisément reconnaissable. » (C.H., p. 11)

Adler n'a jamais renoncé à sa théorie du *continuum* des états morbides, même lorsqu'il y ajoute une nuance :

« *Ce qui distingue le névrosé du sujet bien portant, c'est sa plus grande « tendance à la sécurité », tendance qui lui sert à assurer son plan de vie. Quant à l'intentionnalité et au plan de vie qui la définissent, on ne peut distinguer de différence essentielle sauf une, de valeur toutefois, à savoir que le « but concret » du névrosé se tourne toujours du côté inutile de la vie.* » (P.T., p. 23)

Nous utilisons tous des représentations inconscientes de puissance, de victoire, pour nous dynamiser, nous propulser vers l'avenir. Qui d'entre nous n'a jamais éprouvé la crainte d'une perte de prestige, d'être pris en faute, d'être livré au ridicule… ? Nous avons tous des moments de retrait, de fuite ou d'agressivité, des faux-fuyants, des illusions. Plus nous sommes anxieux, plus la peur nous entraîne dans des conduites fiévreuses pour dissimuler nos manques ou les combler, sinon à n'importe quel prix, du moins sans éviter un certain coût.

La névrose proprement dite se manifeste lorsque nous perdons de vue l'intérêt général pour une recherche quasi exclusive de notre propre sécurité et de notre propre supériorité, lorsque nous oublions le lien social ou que nous nous contentons de le simuler, comme l'homme du tramway, cité dans le chapitre 5, qui se contentait de regarder l'accident tout en critiquant ses compatriotes. La frontière entre ces deux positions n'est pas une nette cassure.

« *On aurait tort de chercher chez le névrosé des traits de caractère nouveaux, qui n'existent pas chez l'homme normal. Sans doute le caractère névrotique est fait, tout comme le caractère normal, de matériaux préexistants, d'impulsions psychiques et d'expériences fournies par le fonctionnement des organes. Mais tous ces matériaux psychiques, qui se rattachent au monde extérieur, ne revêtent un caractère névrotique que lorsque le sujet se trouve obligé de prendre une décision : sous l'influence d'une nécessité interne, l'aspiration à la sécurité devient très prononcée* [et] *l'action du but final proposé à la vie devient, pour ainsi dire, plus dogmatique.* » (T.N., p. 19)

On pourrait dire que le névrosé, en raison de son but fictif irréalisable et cependant contraignant, subit une sorte *d'influence hypnotique*. Le psychologue reconnaît ce type de patients à leur attitude fébrile, à un état de lutte intérieure incessante, comme s'ils étaient des sentinelles avancées qui leur transmettent tout ce qui, dans le passé, le présent ou l'avenir, menace leur « sentiment de personnalité », tout ce qui, pour l'homme comme pour la femme, s'oppose à leur « revendication virile ».

La psychose, avec ses défenses rigides, ses hallucinations, son délire, n'est, pour Adler, qu'une *aggravation de la névrose.* Les trois types de pathologie – névroses, perversions, psychoses – ne sont pas de nature différente. Les comportements que l'on a ainsi classés pour des raisons méthodologiques ne sont eux-mêmes que des variantes de la vie psychique normale. Sinon, il faudrait renoncer à les comprendre. Or, l'expérience montre qu'on parvient à les comprendre et même à les guérir à partir des éléments d'une vie psychique saine.

C'est là une des intuitions remarquables d'Adler : l'être humain ne tombe pas dans la maladie mentale par accident, ni comme s'il portait en lui, depuis sa naissance, telle une malédiction divine, une structure psychique correspondant à un diagnostic précis. Adler a toujours combattu cette idée, de même que les théories sur l'hérédité des troubles psychiques ; nous avons vu qu'il les croit fausses et, de plus, inutilement décourageantes pour l'éducateur. Si les troubles psychiques des parents influent sur l'enfant, c'est en tant que *modèles,* non par transmission héréditaire.

Adler réfutait aussi les théories qui établissaient des liens directs entre certains troubles psychiques et des faiblesses organiques ou fonctionnelles ; il récusait, par exemple, l'affirmation que les déviances sexuelles découlent d'anomalies hormonales. Sans aller jusqu'à admettre ces déviances comme « choix de vie », attitude moderne, il refusait toute idée de *tare* physiologique : l'homosexualité, fait-il remarquer, est courante dans les pensionnats ou sur les navires ; hors ces circonstances particulières, elle est une *recherche de solution,* pour celui qu'effraient la domination féminine ou les responsabilités maritales. Il souligne que vivre en homosexuel est beaucoup plus difficile qu'en hétérosexuel et exige donc une énorme dépense d'énergie.

Certes, une fragilité physique peut accroître le sentiment d'infériorité, éventuellement influer sur le choix de la zone corporelle où s'inscrira le symptôme, mais elle ne détermine pas le trouble psychique. L'effet causal est inverse : le sujet intensifie ou même crée de toutes pièces le symptôme physique *à partir* de ses troubles psychiques.

Pas de frontières, donc, entre les types de pathologies mentales, seulement des différences de degré. Pas de cas « purs », toujours des situations mixtes. Adler illustre de la façon suivante l'aggravation du sentiment d'insécurité qui fait passer le sujet de l'anxiété à la névrose, puis à la psychose, comme s'il adoptait des positions sur un axe :

Prudence : *Je suis tourmenté par l'idée que je pourrais perdre mon argent, me trouver « en bas ».*

Angoisse : *Je suis tourmenté par l'idée que je vais perdre mon argent, me trouver « en bas ».*

Mélancolie : *Je suis tourmenté par l'idée que j'ai perdu mon argent, que je me trouve « en bas ».*

> « *En d'autres termes, plus le sentiment d'insécurité est fort, plus le sujet s'écarte de la réalité et renforce sa fiction, qui revêt de plus en plus le caractère d'un dogme.* »
> (T.N., p. 118)

Alors que l'homme dit « normal » stimule son énergie à l'aide de fictions, mais qu'il les sait symboliques et toujours modifiables, le névrosé, lui, cherche à tout prix à réaliser son objectif tout en le sachant inaccessible, ce qui aggrave son anxiété. Quant au psychotique, il a passé la barrière de la réalité, il construit sa propre logique et prétend être devenu ce qu'il rêve : Dieu, pour le moins un surhomme ou, à défaut, le plus célèbre *serial killer* de tous les temps, fiction, hélas, en partie réalisable.

De ce qui est considéré comme *normal* à ce qui est considéré comme une *pathologie,* même lourde, se déroule donc un *continuum* d'états intermédiaires.

La courbe de Chestnut Lodge

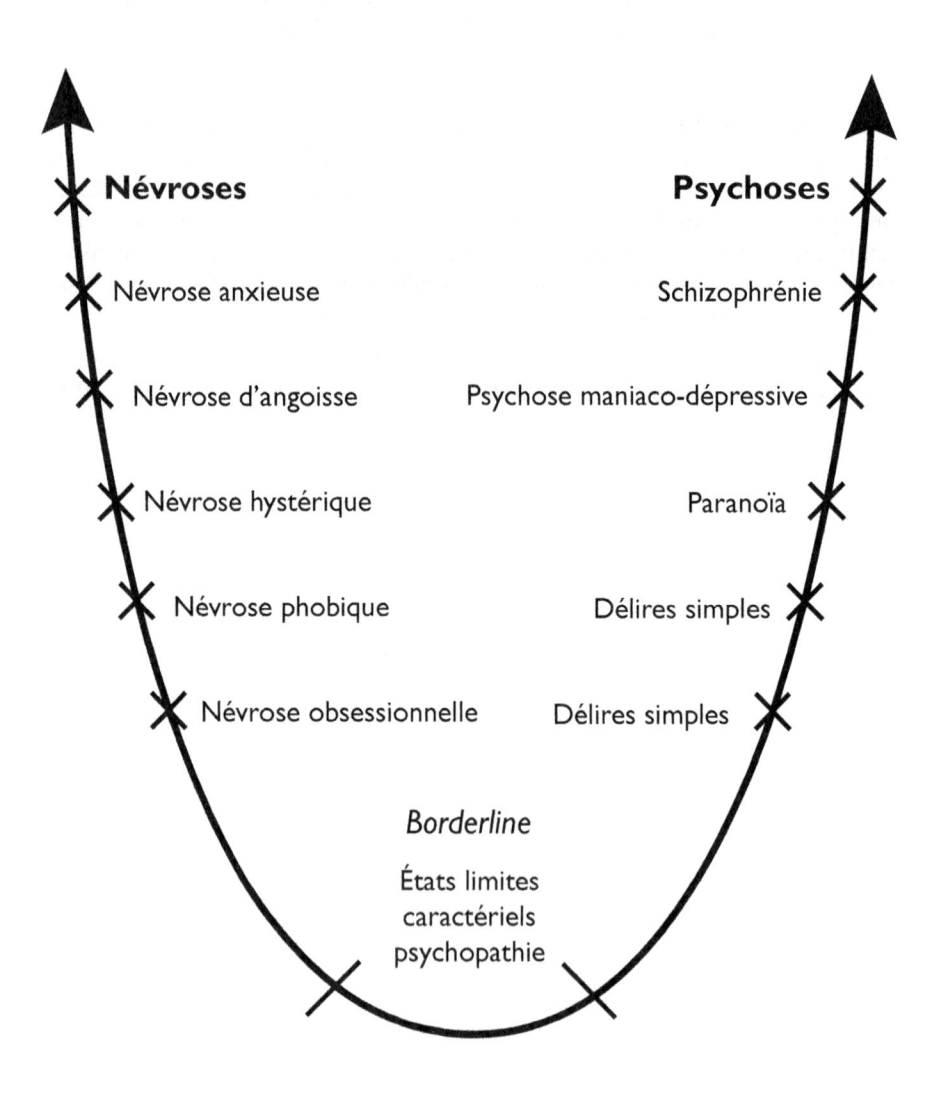

Névroses

- Névrose anxieuse
- Névrose d'angoisse
- Névrose hystérique
- Névrose phobique
- Névrose obsessionnelle

Psychoses

- Schizophrénie
- Psychose maniaco-dépressive
- Paranoïa
- Délires simples
- Délires simples

Borderline

États limites
caractériels
psychopathie

Courbe de Chestnut Lodge

Remplacer la notion de structure mentale par l'idée de *mobilité sur une échelle de pathologie,* c'est substituer une perspective évolutive à un carcan. Adler en a eu l'intuition et ce nouvel éclairage sur la pathologie mentale a fait ses preuves.

La maladie mentale, étant une construction, peut, sous certaines conditions, être déconstruite, quel que soit son caractère de gravité. Si l'on évite de figer l'état du malade par des diagnostics sans appel, on pourra le voir évoluer le long d'un axe, revenir éventuellement à des symptômes moins invalidants qui lui permettront, par la régression de la maladie, de retrouver une existence plus normale.

Jacques Lesage de La Haye, psychologue et analyste reichien, a symbolisé ce phénomène par la représentation des états mentaux sur une courbe : névroses à gauche, psychoses à droite, avec au milieu les états-limites ou « border-lines » (psychopathie, délinquance, troubles du caractère). Il a pris soin d'en garnir chaque extrémité d'une pointe de flèche pour matérialiser la mobilité sur cet axe. Il a vu trop de patients passer, grâce à différentes formes de thérapies, d'une « structure psychotique » soi-disant inamovible à des états pathologiques moins lourds ou même à la guérison, pour ne pas rejeter les dictats de la psychiatrie traditionnelle :

> *« Le seul fait de diagnostiquer un sujet dangereux risque de l'enfermer dans une catégorie dont il n'arrive plus à s'extraire (c'est surtout le psychiatre qui n'arrive plus à s'en extraire). Une personne cataloguée schizophrène par son thérapeute risque de le rester. Pire, si elle ne l'est pas, elle peut mettre en place des processus qui l'y amèneront. J'ai vu une jeune femme jouer la "schizo" pendant plusieurs semaines parce que sa psychiatre était convaincue qu'elle l'était. »*[14]

Il est toujours difficile pour un médecin d'entreprendre un traitement sans avoir posé un diagnostic, mais ce diagnostic doit rester constamment révisable. Tout un courant de la psychiatrie contemporaine l'admet et pratique cette souplesse d'observation, sans toutefois être consciente de sa dette envers Adler. Il n'a, en effet, cessé de recommander les deux précautions suivantes :

– ne jamais établir un diagnostic définitif fondé sur quelques symptômes, mais rester ouvert à ce qui peut surgir et modifier l'évaluation ;
– ne jamais enfermer un patient dans sa maladie, encore moins dans un aspect symptomatique de cette maladie, mais considérer qu'on a affaire à un *système dynamique* susceptible d'être rééquilibré de façon favorable.

---

14. Jacques Lesage de La Haye, *La courbe de Chestnut Lodge,* éd. Atelier de Création Libertaire, Lyon, 1997, p. 11. Le nom de la courbe est un hommage à Chestnut Lodge Hospital, N.Y., USA.

Dans *Le tempérament nerveux,* Adler montre comment les défenses névrotiques d'une jeune fille qui refusait mariage et maternité, défenses fondées sur la prudence et sur des notions d'exigence morale, ont pu, avec l'aggravation de son sentiment d'insécurité, prendre la forme d'un délire hypocondriaque (peur irrationnelle des maladies).

Une personne souffrant de troubles du caractère peut passer, sous la pression intense des événements, de la mythomanie à une conduite délirante. On se souvient sans doute de cet inimaginable fait divers : l'assassinat de plusieurs de ses proches (son épouse, ses enfants, ses parents...) et une tentative de meurtre sur sa maîtresse suivie d'une tentative de suicide, par cet homme, Jean-Claude Romand, dont l'imposture allait être démasquée. N'ayant pas eu le courage de se présenter à un examen de médecine, au lieu de s'y confronter à nouveau, il avait déclaré à ses proches qu'il était reçu. Par la suite, il monta une fable, feignant de poursuivre ses études, puis prétendant qu'il était médecin et travaillait comme chercheur à l'Organisation mondiale de la santé, à Genève. Ses absences, il les passait dans sa voiture, parqué au bord des routes, à ne rien faire. Personne ne s'était douté du mensonge et, prisonnier de son mythe, il avait tenu le rôle pendant *dix-huit ans* avant que sa maîtresse ne conçoive des soupçons. La terreur d'être confondu le poussa à la suppression brutale des témoins[15]

Certains traits des mélancoliques rappellent ceux des hypocondriaques ou des phobiques, mais ceux-ci luttent encore, essayant d'échapper à leur « destin ». Le mélancolique, lui, paye extrêmement cher son style de vie. Par une autodépréciation douloureuse, il se dégage des responsabilités que lui impose la vie et oblige l'entourage à s'entremettre pour l'aider. Il regarde l'existence comme un jeu de hasard effrayant dans un monde plein d'embûches où la majorité des hommes lui est hostile. Il laisse entendre qu'il aurait pu devenir un surhomme, détenir des pouvoirs, si les autres n'y avaient pas fait obstacle, mais tout a échoué. Il est désormais plus bas que terre et s'accuse de tout, y compris d'être responsable de cataclysmes naturels ou de guerres mondiales. Il a déjà prévu la catastrophe qui va s'abattre sur lui. Sa voix intérieure lui dit :

> « *Agis, pense et ressens comme si l'horrible destin que tu as évoqué t'était déjà échu et est inévitable.* » (P.T., p. 266)

Il y trouve une sorte de réconfort, car *rien de pire ne peut plus lui arriver.* On pourrait dire qu'il se sent *supérieurement bas,* comme si une divinité sinistre ne s'occupait que de lui.

Mais là où a échoué l'autodévalorisation, voire la tentative de suicide – qui est, selon Adler, un acte de vengeance destiné à culpabiliser les proches –,

---

15. On peut lire son histoire dans *L'adversaire,* d'Emmanuel Carrère, éd. POL, 2000.

le mélancolique risque de franchir une autre étape et de passer à la phase où il accuse les autres de sa propre souffrance. Si cette manœuvre s'avère « avantageuse », il arrive que le malade évolue d'un diagnostic à un autre en développant un délire de persécution de type paranoïaque : l'autoaccusation, qui est toujours une mise en cause masquée d'autrui, s'exprime désormais comme une accusation directe. Les troubles se sont aggravés, mais le but reste le même : demeurer au centre de l'attention.

Il arrive que les cas se chevauchent et que des idées d'influence, de persécution, d'empoisonnement se trouvent jumelées avec la tristesse mélancolique.

La **paranoïa** est caractérisée par une hostilité précoce vis-à-vis de l'entourage. Elle se manifeste dans la plus tendre enfance et passe souvent par des états névrotiques avant de se déclarer. Elle aboutit à la mégalomanie et au délire de persécution, puisque les autres ne rendent pas au malade l'hommage admiratif et reconnaissant qu'il est en droit d'exiger. On remarque souvent que le paranoïaque crée avec certaines personnes des liens positifs, pleins d'espoir, qui serviront à mieux les combattre (phénomène qu'on observe, à un moindre degré, chez des névrosés amoureux, à qui leur pouvoir de séduction donne des armes pour imposer leur supériorité). Les personnes de leur entourage sont devenues soit des ennemis, soit des pions que l'on utilise à volonté.

Le paranoïaque ne se contente pas d'accuser son entourage, il se méfie du monde entier, des complots qui s'y trament, élabore des cosmogonies, des théories politiques qui prouvent sa vision supérieure des événements. Le délire de persécution, la mégalomanie, les hallucinations délivrent carrément le sujet de son sentiment d'infériorité même s'ils n'épongent pas toute l'angoisse. Le mécanisme est si efficace qu'il est extrêmement difficile d'y porter remède, surtout lorsqu'il s'est installé depuis longtemps.

Évoquer le passé du sujet n'est pas dépourvu d'intérêt, les souvenirs peuvent faire surgir des émotions longtemps contenues, apporter une détente et fournir des éléments de compréhension. À partir d'événements passés, l'analyste examinera *l'opinion* que le patient en a formée et, éventuellement, l'aidera à la modifier. Ces éléments ont contribué à bâtir le style de vie, mais la *cause* n'est pas dans le passé, elle se situe dans le futur. La théorie adlérienne présente cet avantage de se tourner *vers l'avenir*. La démarche fondamentale de l'analyste adlérien est de débusquer le but fictif et, avec certaines précautions, de l'amener à la conscience.

On verra alors apparaître ce but comme un montreur de marionnettes tenant en main tous les fils qui forment la trame d'une existence. Or, le scénario est modifiable tout au long de la vie. Et le changement de scénario peut retentir heureusement sur les actes et les pensées du sujet, modifier son style de vie, le ramener à la réalité et à des habitudes de coopération sociale équilibrantes.

🔍 Synthèse

- Un névrosé est celui qui éprouve si fortement le sentiment d'insécurité et d'infériorité inhérent à la condition humaine qu'il se produit chez lui une exaltation de la personnalité. Il veut tout, tout de suite, tout le temps, et être le premier partout.

- Le névrosé, pour supporter une réalité qui le met en question, se construit un but idéal auquel il s'accroche fébrilement, cherchant à se présenter lui-même comme un personnage idéal.

- La nécessité de maintenir cette fiction, la conscience aiguë de ses points faibles et la stratégie employée à les masquer ou à les justifier, le besoin de peser chaque acte en prévoyant les moindres conséquences mobilisent l'énergie et aggravent l'inadaptation du sujet au réel.

- Il peut être utile au praticien d'établir rapidement un diagnostic du patient, mais ce diagnostic n'est qu'une hypothèse susceptible d'être vérifiée, complétée, modifiée.

- Il n'existe pas de différence de nature entre un être sain, un névrosé, un psychopathe, un psychotique : la maladie mentale peut être représentée comme une courbe continue où s'inscrivent, par ordre de gravité, les différentes pathologies. Le traitement analytique permet le déplacement du patient sur cet axe dans un sens positif où peuvent régresser les symptômes morbides.

Chapitre 13

L'analyse adlérienne

L'analyse des névroses a fait ses preuves. Celle des psychoses suscite toujours des débats, l'interprétation biologique de la maladie étant encore puissante. Quoi qu'il en soit, ce type de cure exige une extrême prudence.

Les indications de traitement analytique se sont, en revanche, largement étendues, en amont, vers des personnes qui ne souffrent pas d'une névrose constituée mais souhaitent mieux se connaître, mieux se comporter, prendre du recul par rapport à leur mode de vie, éventuellement se former elles-mêmes au métier de psychothérapeute.

Persuadé que les troubles différaient par leur gravité, non par leur nature, Adler n'excluait personne du cadre de l'analyse. Encore en recherche, il suppose qu'elle est en mesure d'aider les psychopathes comme les névrosés, et même les psychotiques, à condition que leurs symptômes ne soient pas trop solidifiés. Il en exclut, en revanche, les cas d'arriération mentale, ainsi que les détériorations intellectuelles (« démences ») compliquant parfois les psychoses.

À propos des personnes qui ne souffrent pas de troubles majeurs, il fait la remarque suivante : si le style de vie d'un sujet perturbé est perceptible même par de non-psychologues, celui d'une personnalité saine est plus difficile à détecter et demande une grande expérience.

Dans sa conception de la cure analytique, Adler s'est écarté de Freud sur de nombreux points et, tout d'abord, sur le protocole même des entretiens.

La technique du divan est un trait essentiel de la psychanalyse freudienne. Allongé, le thérapeute se tenant assis derrière lui, le patient se retrouve dans la position du malade examiné par le médecin ou d'un enfant devant un adulte, ce qui favorise la régression mentale, le jaillissement de réminiscences infantiles et l'expression des affects.

On a dit qu'à l'origine, le divan n'était pas lié à la méthode psychanalytique, mais que Freud détestait croiser le regard de ses patients : je n'ai pas d'opinion sur cette hypothèse ni sur la pertinence des facéties concernant les analystes freudiens qui lisent leur courrier, règlent leurs factures ou tricotent tandis que le patient, couché, égrène sa vie ! Dans l'une de ces « bonnes histoires », le psychanalyste annonce à son patient qu'il va boire un café au bistrot du coin : « Continuez à parler, ajoute-t-il, j'ai branché mon magnétophone. » Quelques minutes plus tard, son patient le rejoint au bar : « Ne vous inquiétez pas, Docteur, j'avais apporté mon propre magnétophone, il discute avec le vôtre. »

Cette caricature rend compte également du *silence* de l'analyste, qui a pourtant sa justification : il s'est agi, au départ, d'une psychiatrie novatrice où la parole du patient comptait plus que celle du médecin. Grâce à la technique d'association d'idées, sans doute l'apport le plus original de Freud, on entendait, pour la première fois, s'exprimer directement l'inconscient. Faire silence, au lieu de pérorer, signifiait que l'on accordait toute son attention à ce langage révolutionnaire.

Le silence du thérapeute offre une surface de projection qui favorise le mécanisme du *transfert*. Moins il s'exprime personnellement, plus l'analyste présente au patient une sorte d'écran vierge où ce dernier projette ses affects : agressivité ressentie vis-à-vis d'un père tyrannique, demande de protection maternelle, sentiment d'abandon, idées de persécution. L'analyste freudien « orthodoxe » sauve sa propre neutralité en s'interdisant, hors des séances, tout contact avec son patient (« Si nous nous croisons dans la rue, je ne vous dirai pas bonjour »). En séance, il s'abstient de remarques intimes. Il renonce également à donner des conseils et, s'il suit la stricte tradition freudienne, interdit à son patient toute lecture, recherche, conférence concernant la psychologie.

Il est arrivé aussi qu'il se comporte comme une sorte de gourou, exigeant de son patient que, pendant la durée de l'analyse, celui-ci s'abstienne de relations sexuelles et ne prenne aucune décision importante, consigne difficile, voire inapplicable dans le courant d'une vie normale.

Adler prit tout de suite ses distances par rapport à la cure psychanalytique freudienne, qu'il avait refusée pour lui-même.

Recevoir un malade allongé en restant soi-même assis ne lui semblait pas adéquat, puisque cet arrangement ne pouvait que renforcer le sentiment d'infériorité, base même des troubles. Il jugeait aussi que le silence total de l'analyste constituait, dans certains cas, un obstacle majeur à la cure. Ce mutisme, s'il apparaît au patient non averti comme de l'indifférence, voire comme une manipulation, rend la collaboration médecin-malade hasardeuse et peut même provoquer l'interruption du traitement. Certains patients se sentent jugés ou abandonnés avant d'avoir acquis la possibilité d'analyser les affects qu'ils projettent sur le thérapeute. Les analystes freudiens contemporains ont, du reste, paré à ce risque en ne proposant le « travail sur divan » que lorsque le patient y est prêt.

Le transfert positif ou négatif du patient envers l'analyste est l'une des découvertes majeures de Freud.[16]

---

16. Joseph Breuer, collègue de Freud, n'ayant pas encore élucidé le mécanisme du transfert, prit peur devant les déclarations d'amour d'une patiente hystérique, Anna O., et arrêta brutalement la cure, ce qui occasionna pour elle une rechute. Ce fut un trait de lumière pour Freud, à qui il avait confié son trouble, et qui élabora sa théorie du transfert comme mécanisme de défense.

Adler n'ignorait pas cette forme de résistance inconsciente au traitement qui permet, au lieu d'évoluer, de rejouer toujours le même scénario.

Alors que Freud l'associe à des désirs sexuels refoulés, Adler le relie au *sens social*. Plutôt qu'une expression de la libido refoulée, il s'agît d'une *prise de pouvoir* vis-à-vis de l'analyste. La tendance du patient à déprécier celui-ci, souvent après l'avoir porté au pinacle, est fréquente, particulièrement lorsque malade et thérapeute ne sont pas du même sexe. L'amour transférentiel n'est qu'un artifice, comme si, observe Adler, le sujet tombait amoureux de son thérapeute afin de mieux le contrôler.

L'absolue neutralité recherchée par l'analyste dans une cure freudienne produit un transfert si puissant qu'il faut de nombreuses années, parfois tout une vie, pour le dénouer et qu'entre-temps, le patient demeure dans un état de dépendance invalidante. L'analyste, explique Adler, devient à la fois une sorte de punching-ball commode et le sauveur qui provoque des sentiments passionnés. Adepte du sens commun, il ne voyait pas l'intérêt d'accrocher un transfert massif pour passer ensuite de longues années à le « liquider ».

Il avait du reste observé que, si on laissait jouer les phénomènes transférentiels qui se produisaient spontanément, sans chercher à les renforcer, ils s'amenuisaient peu à peu, à mesure que le patient prenait conscience de cette réalité : l'individu assis face à lui n'était pas une *fonction* mais une *personne*. Il pensait aussi que, si l'on accroît chez le patient le sentiment qu'il est *entièrement responsable de ses actes*, on atténue la puissance du transfert.

Carl R. Rogers, insistant sur les rapports d'égalité entre patient et thérapeute, devait développer plus tard, dans le même esprit, une conception de la thérapie moins comme une *technique* que comme une *rencontre entre deux personnes*. L'essentiel, pour l'analyste, n'était pas de devenir un brillant praticien, ni de s'armer d'une théorie, mais d'atteindre à *l'authenticité*, ce qui demande une longue formation. À ce prix seulement, la cure devient efficace[17].

La juste distance

L'analyste adlérien reste extrêmement prudent ; il évite une trop forte implication personnelle, s'efforce de n'intervenir qu'à bon escient, mais il n'applique pas ces consignes de façon rigide. Il cherche à établir avec le patient une relation *amicale,* ce qui suppose simplement que le praticien ne parle pas du haut de sa chaire mais se mette à la portée du patient.

---

17. Carl R. Rogers, *Le développement de la personne,* Dunod, 1966.

Celui qui souffre, qui vient parfois de subir une épreuve cruelle, désire une écoute bienveillante, une oreille *entièrement disponible pour lui* (chose si rare à l'extérieur du cabinet de consultation) ; il a besoin d'encouragements, de conseils. L'analyste adlérien les lui fournira dans une certaine mesure, car il est important de soutenir dès le départ son « sentiment de personnalité » et, surtout, de ne pas aggraver le sentiment d'infériorité par une attitude de prestige et de mystère digne du Sphinx. C'est seulement dans un climat convivial et en brisant toute idée de hiérarchie, que le malade peut progresser.

> Il s'agit de « *créer une atmosphère* qui permette au patient *un développement plus libre, et qui lui facilite la possibilité de s'estimer égal dans son rapport avec le milieu ambiant* ». (C.H., p. 70)

Cette « attitude amicale » diffère, à l'évidence, de l'amitié telle qu'elle se présente dans la vie quotidienne. Elle est décrite au mieux par le terme d'*empathie*, concept développé par Carl Rogers. L'empathie suppose un équilibre entre proximité et distance. La *sympathie* que nous ressentons spontanément pour une personne en état de grande souffrance peut avoir un effet pervers : si nous poussons trop loin l'identification à autrui, nous risquons soit une fusion émotionnelle peu efficace, soit au contraire le refus d'une écoute qui nous est pénible parce qu'elle nous atteint trop profondément. C'est souvent la sensibilité excessive d'un interlocuteur qui nous donne, paradoxalement, une impression d'indifférence.

Il s'agit donc, pour l'analyste, de conserver une attitude de retrait tout en laissant s'exprimer en lui-même les différentes émotions suscitées par la situation. Un autre praticien remarquable, Michaël Balint[18], en a démontré l'intérêt pour le thérapeute. Si, au cours d'un entretien, il laisse émerger en lui-même ses propres affects, les émotions qu'il ressent (ennui, compassion, admiration, perplexité...) lui donneront d'utiles indications quant à l'état d'esprit du patient. Il pourra même être utile, parfois, de les verbaliser, par exemple : « J'aimerais que nous tentions d'expliquer pourquoi vos paroles m'agacent à ce point ? » On recueillera peut-être alors une réponse comme : « C'est curieux, mon mari ne cesse de dire cela... », et un éclaircissement nouveau pourra apparaître.

Si l'on refuse de s'en tenir constamment à des règles strictes, si l'on croit parfois utile d'improviser, de surprendre, de jouer avec les écarts techniques, encore faut-il juger du bon moment, de la bonne manière, ce qui est une tâche délicate. Il y faut plus *d'intuition* que de savoir. On ne s'étonnera pas si Adler ne juge pas « scientifique » le travail de l'analyste, mais le compare, à de nombreuses reprises, à celui de l'artiste, face à cet « artiste de sa vie » qu'est, selon lui, le névrosé.

---

18. Michaël Balint, *Pratiques thérapeutiques en médecine*, Payot, 1961.

Désarmer le patient

Assouplir les règles de l'analyse et témoigner d'une attitude amicale ne signifie pas que l'on abandonne la *rigueur* nécessaire au traitement analytique. Adler appelle toujours ses disciples à la prudence. Être proche du malade, croire en sa bonne volonté, ne pas pontifier, cela ne signifie pas, pour autant, être naïf. Dans *Le tempérament nerveux*, il rappelle cette phrase d'un moraliste français (qu'il ne nomme pas) :

> « *Je n'ai jamais examiné l'âme d'un homme méchant, mais j'ai examiné une fois l'âme d'un homme bon, et j'ai reculé d'horreur !* » (T.N., p. 107)

La retenue, le tact sont essentiels si l'on veut éviter *qu'une séance d'analyse ne devienne un combat*.

La personne qui consulte vient, dans un premier temps, pour faire constater *à quel point elle est perturbée* ou *malade*. Son état, dit-elle le plus souvent, constitue un obstacle *indépendant de sa volonté* qui empêche la réussite de ses projets. Elle est consciente d'un certain nombre de causes qui l'ont amenée à ce point de difficulté, en accuse souvent d'autres personnes, mais ignore le but idéal, secret, qu'elle a forgé elle-même et qui mobilise toute son énergie. Le but devra donc être amené au jour, examiné, relativisé, mais cette prise de conscience entraîne un ébranlement de la personnalité entière et ne peut survenir qu'après des remises en question partielles. Pour que le patient accepte d'entrer dans le sombre « tunnel » que représente son inconscient, il doit avoir acquis suffisamment de confiance dans l'analyste et de confiance en soi.

> « *Patience, précisions et avertissements assurent les progrès du médecin. Des relations amicales avec lui permettent à la fois au médecin et au malade d'avoir une vue complète de l'activité névrotique, de prendre conscience de la fausseté des mouvements émotionnels, des suppositions erronées issues de la disposition névrotique et de la dépense superflue d'énergie du névrosé. Grâce au psychologue, le malade apprend pour la première fois de sa vie à se connaître et à contrôler ses instincts survoltés.* »
> (P.T., p. 153)

Ces « suppositions erronées » se manifestent fréquemment au cours des séances : par exemple, le patient s'identifie au « bon élève », il arrive angoissé parce qu'il n'a « rien à dire », qu'il n'a pas de rêve à raconter, que les séances lui semblent piétiner. Il n'a pas fait ses devoirs, en quelque sorte, et l'analyste lui mettra, mentalement, une mauvaise note.

Si l'analyse ne progresse pas assez vite à son gré, il soupçonne le thérapeute de se lasser et craint d'être mis à la porte. Mais faire de rapides progrès lui inspire la même crainte.

Un certain nombre d'images s'interposent au début de la cure entre le patient et l'analyste, qui devient le père, la mère, le maître d'école, le sauveur ou tout autre personnage à valence positive ou négative. Il est important, lorsque le patient projette des images négatives, de maintenir le lien en utilisant ce qui subsiste chez lui de sens social. Adler rappelle qu'une tension exacerbée entre patient et thérapeute nuit au *but du traitement* [qui] *est de rendre au malade son sentiment de liberté* (P.T., p. 147).

Cet objectif suppose de répondre à certaines de ses demandes pour le rassurer et lui enlever toute possibilité de lutte :

> « *Il faut absolument empêcher que le médecin ne devienne l'objet de traitement du malade.* » (P.T., p. 60)

Ces gratifications ne signifient pas une complaisance aveugle, elles sont mesurées et il reste important que le cadre des séances obéisse à certaines règles fixes, à un *contrat* passé entre analyste et analysé.

Le contrat

Adler recommandait de fixer clairement au départ les conditions matérielles de la cure, horaires, rythme et prix des séances. Il conseillait des tarifs modérés, voire la gratuité, auquel cas, ajoute-t-il, le patient doit sentir qu'il est traité *avec autant d'intérêt que s'il payait*. Il déconseillait d'accepter un paiement « en cas de succès », ce qui est parfois proposé, ainsi que de recevoir des cadeaux ou d'entretenir avec le patient d'autres relations en dehors des séances. L'engagement à garder le secret professionnel devait être énoncé.

Il est bon également que l'analyste, à la fin du premier rendez-vous, n'en prenne pas sur-le-champ un deuxième mais propose au consultant de bien réfléchir et de le rappeler s'il se sent déterminé. Tout ce qui ressemblerait à une pression exercée sur sa décision ne pourrait que porter atteinte à sa relation avec l'analyste.

Autre conseil : la *modestie*. L'analyste doit savoir que ce n'est pas lui qui réussit la guérison : le succès du travail est dû à l'analysé.

> « *Le processus de transformation de la personnalité ne peut être que l'œuvre du malade lui-même.* » (P.T., p. 64)

On ne doit jamais oublier qu'il lui faut pour cela un grand courage et, s'il échoue, l'analyste n'a pas à s'en irriter, ni à s'enorgueillir si la cure réussit. *Le patient n'est pas là pour faire valoir le thérapeute,* écrit Adler, ou encore : *autrui n'a nullement l'obligation de servir à nous faire valoir.*

L'absence d'humilité présente un autre inconvénient, celui de donner prise à l'agressivité du patient. Adler conseillait au thérapeute de ne rien promettre, surtout pas la guérison, de s'abstenir de tout pronostic optimiste, ce qui est parfois tentant lorsque le malade est très déprimé. Si l'on annonce au patient des progrès rapides, il pourra aisément se servir de cette promesse pour mettre le thérapeute en défaut et résister à l'investigation. On s'expose alors à des joutes inutiles. Il est préférable de ne pas donner d'indication précise sur la durée de la cure ni d'encourager le patient à tenter des aventures qui finiraient mal et le détourneraient de l'analyse.

L'apparente soumission du patient est souvent un piège. Lorsqu'il s'exclame : « Vous êtes mon dernier espoir, qu'aurais-je fait sans vous ? », on peut lui rappeler qu'il aurait pu tout aussi bien rencontrer d'autres praticiens compétents. Sous les éloges, là où le thérapeute s'est trop engagé, pointe le « Gare à vous si je ne guéris pas ! » Jouer le personnage important, le grand maître, le libérateur, le magicien, c'est s'exposer à la chute. Le patient n'investit le thérapeute de ces rôles que pour mieux l'attendre au tournant et le faire tomber de son piédestal. Il arrive aussi que le malade voie ses symptômes régresser, puis les remette en scène, parce que les relations avec le thérapeute ne sont pas claires et qu'il cherche inconsciemment à le mettre en infériorité.

Adler cite à ce sujet le cas suivant : une malade était traitée par un médecin qui avait remarqué qu'elle répondait à la suggestion à l'état de veille, ce qui donnait des résultats intéressants. Le jour où il voulut en faire une démonstration publique, la malade, au lieu de lui obéir, se livra à une crise nerveuse d'une telle violence que la police dut intervenir. Tout se passe parfois comme si la guérison d'un symptôme était vécue par le patient, malgré le soulagement, comme une défaite et qu'il entreprenait, par la résurgence du symptôme, la reprise en main du thérapeute. Le cas cité par Adler était d'autant plus clair que le médecin allait se glorifier publiquement de sa réussite. Gloire et enrichissement, précise Adler à propos d'un autre cas, ne devraient pas figurer dans les fantasmes de l'analyste !

Il arrive qu'un symptôme disparaisse brusquement, sans raison apparente, alors que d'autres subsistent. On peut alors soupçonner qu'il s'agit d'un artifice par lequel le névrosé s'assure la satisfaction de l'analyste, comme un bon élève qui attendrait des félicitations. Mais ce peut être aussi une manière de brouiller les pistes et de compliquer le diagnostic afin de mettre ledit analyste en échec. Il est donc imprudent de se réjouir d'un tel succès tant qu'il n'est pas confirmé par d'autres progrès.

Lorsqu'on lit les comptes rendus d'analyse que nous a laissés Adler, on voit qu'il se formait très rapidement une opinion sur les causes du malaise et sur la dynamique générale de la personne qui était en sa présence : les premières paroles du patient, mais aussi ses gestes, sa posture, ses mimiques lui fournissaient une mine de renseignements. Sans posséder l'acuité extrême de son regard, ni son pouvoir de synthèse, il nous arrive d'élaborer rapidement des hypothèses, qui devront, de toute façon, être vérifiées en accord avec le patient. Il faut là aussi une grande prudence, car une interprétation prématurée risque de le déstabiliser : par maladresse ou par désir d'étaler sa science, le thérapeute n'a réussi qu'à renforcer ses défenses et, au lieu de faire avancer la cure, en a retardé le cours, ou peut même l'avoir interrompue.

> « *Rien ne serait plus fâcheux et regardé avec plus d'aversion,* précise Adler, *que de projeter brusquement sous les yeux d'un individu les connaissances qu'on a prises de sa vie psychique.* » (C.H., p. 14)

Si le patient, après cinq ou six séances, n'est pas persuadé de s'être adressé à la bonne personne ou de vouloir réellement remettre en question le sens de sa vie, mieux vaut tout arrêter ou lui proposer de réfléchir davantage. Déclarer que son insatisfaction est due à des résistances et insister pour continuer les séances sans obtenir de résultats, c'est lui faire perdre son temps. On peut affirmer que si, dans les trois mois, le patient ne ressent pas un certain mieux, la question d'abandonner la cure peut se poser.

Des résistances mineures comme le fait d'arriver en retard, d'oublier le rendez-vous, de demander à changer l'heure sans raison évidente, de partir en oubliant de payer la séance, sont couramment observées. L'analyste ne porte aucun jugement conventionnel sur ces écarts, mais il est important qu'il ne les laisse pas passer sans s'enquérir des raisons de ces manquements. Lorsqu'elles sont futiles, on peut conclure à une forme de protestation contre la cure, donc à une demande masquée que l'on peut aider à s'exprimer.

Nous l'avons vu, le névrosé est ennemi de la nouveauté. Il n'est en sécurité qu'avec ce qu'il connaît, et la cure analytique ne cesse de lui proposer d'importantes transformations :

> « *Un individu ne change pas sa manière d'être, mais tourne et retourne ce qu'il a éprouvé jusqu'à l'adapter à cette manière d'être.* » (C.H., p. 16)

En ce sens l'analyste apparaît au patient comme une menace, suscitant sa résistance. Parfois, celui-ci avance d'un grand pas puis prend peur et revient à des « arrangements » encore plus subtils. Le thérapeute cherche alors non à l'affronter mais, au contraire, à abaisser au minimum les tensions. L'ambiance créée en analyse adlérienne, l'attitude du thérapeute, suscitent des résistances moins vives qu'en psychanalyse freudienne.

Pour laisser ces résistances à leur niveau le plus bas, il est important de ne jamais presser les rythmes, de ne pas s'impatienter si la cure stagne, de détendre l'ambiance par des traits d'humour, des fables, des citations qui aident souvent le patient à se situer d'une façon ludique au lieu de s'angoisser.

Il ne s'agit évidemment pas de le faire taire s'il est agressif, ni de contrer ses critiques, mais de l'amener à comprendre « *qu'il n'a pas besoin de venir à la séance armé et casqué !* »

Certaines périodes de la cure exigent du thérapeute une patience infinie pour laisser se dérouler un fil ténu d'émotions, de souvenirs, sans risquer de le rompre. À d'autres moments, il peut s'installer une sorte de routine où l'analysant ronronne, satisfait (inconsciemment) de constater que rien ne bouge. Dans ces moments-là, une rupture de ton, un effet de surprise sont parfois nécessaires pour relancer la dynamique.

Adler résume ainsi le **but final de l'analyse :** libérer le patient de son hypersensibilité, de l'hypertrophie de son vécu masculin ou féminin, du regard infantile qu'il porte sur la réalité comme s'il n'était que le jouet de forces obscures. Il apprend à supporter les tensions que lui impose son environnement, à garder son calme, à se sentir *responsable* de ses propres réactions.

Établir avec le patient une fructueuse *collaboration,* rappel de ce lien social qui est toujours déficient dans la névrose, permet d'éveiller chez lui un état d'esprit qui lui permette d'accepter les conseils du thérapeute. Car les conseils, en analyse adlérienne, ne sont pas interdits.

Présence de la pédagogie

L'analyste adlérien, en effet, quand c'est nécessaire, ne dédaigne pas le rôle d'éducateur. L'analyse comporte une importante fonction pédagogique : on peut, à certains moments, faire appel à l'élément sain de la personnalité du patient, à son *bon sens,* à sa logique, à son esprit critique pour l'aider à prendre conscience de ses erreurs. L'affectivité est au premier plan dans une analyse, mais le pouvoir de la raison n'est pas négligeable. Il est clair, cependant, qu'une explication, un avis, un exemple, un encouragement ne joueront leur rôle que s'ils sont offerts à bon escient.

Si le névrosé suit une voie erronée, dépense « inutilement » son énergie, veut être Dieu (quel analyste n'en a pas rêvé lui-même ?), sa maladie n'en est pas moins « *un acte créateur et non pas une régression vers des formes infantiles ou ataviques* » (S.V., p. 92), comme le prétend Freud. Affirmer que l'individu « régresse », c'est figer la psyché qui va toujours de l'avant, dans l'attente d'événements futurs.

Adler compare l'individu perturbé à un être qui a fabriqué son idole de ses propres mains et se prosterne devant elle. Il ne s'agit ni de juger sa conduite, ni de détruire inconsidérément cette idole, mais d'en faire le tour et d'en découvrir, avec lui, le vrai visage.

🔍 Synthèse

- *L'analyse adlérienne se pratique en face-à-face et non sur divan. La position couchée ne ferait qu'accentuer un sentiment d'infériorité invalidant.*

- *L'analyste adlérien ne se présente pas comme un sphinx mais comme un collaborateur amical. L'instauration d'une relation positive entre lui et le patient doit permettre de restaurer le sens social de ce dernier.*

- *L'inconscient n'est pas un volcan en fusion mais une zone d'ombre que le patient, sécurisé par l'analyste, peut accepter d'explorer afin de comprendre ses propres comportements.*

- *Devant les résistances du patient, qui peuvent s'exprimer soit par une conduite d'opposition ou des critiques, soit par une fausse soumission, la tâche de l'analyste est de détendre la situation autant qu'il le peut. Il est important également d'éviter les interprétations intempestives.*

- *Si les associations libres du patient et ses réactions spontanées apportent un important matériel d'analyse, Adler croit aussi à la possibilité d'explications rationnelles qui permettront au patient d'accéder aux causes de sa maladie.*

Opinion d'Adler sur l'hypnose

L'hypnose consiste à amener un sujet (le médium) à accomplir tout ce que demandera l'hypnotiseur.

Freud, après avoir pratiqué cette méthode, l'abandonna parce qu'il privilégiait la prise de conscience de l'analysant. Or, pendant les séances d'hypnose, le patient s'exprime sans retenue et il se sent soulagé à son réveil, mais il ne se souvient plus de ce qu'il a dit. Il ne peut donc intégrer le refoulé dans la conscience.

Adler n'utilisait pas non plus l'hypnose, mais il s'intéressa aux expériences qui étaient menées autour de lui. Il affirme que l'hypnotiseur ne possède aucun « pouvoir », et que l'idée de ce pouvoir, d'une sorte de fluide magique, est la base de nombreuses supercheries. Ce qui agit dans l'hypnose, c'est uniquement le comportement du sujet, non le talent de l'hypnotiseur. La technique fonctionnera seulement si ce sujet est enclin à obéir aux suggestions d'un tiers (même s'il prétend vouloir y résister, il peut y être disposé, dans son for intérieur).

L'éducation familiale forme des êtres dépendants, privilégiant l'obéissance au détriment de l'esprit critique. Une personne indépendante, habituée à prendre ses responsabilités, n'est guère sensible à l'hypnose :

> « *Si un homme est habitué à mener une vie où il se décide en toutes circonstances par lui-même, sans recevoir d'emblée les directives d'autrui, celui-là, naturellement, ne subira pas l'hypnotisme, et pas davantage il ne présentera les singuliers phénomènes de la télépathie. Toutes choses qui manifestent l'obéissance aveugle.* » (C.H., p. 59)

Chapitre 14

L'exploration de la personnalité

Si l'utilisation de connaissances générales peut rendre service au départ de la cure, tout recours à des classements de symptômes, toute hypothèse sur la nature ou les causes du mal-être ou de la maladie devront être revus s'ils ne correspondent pas exactement au cas individuel présenté.

Les différents aspects du caractère, même s'ils sautent aux yeux, n'auront d'intérêt que lorsqu'ils permettront de saisir *dans son ensemble* un système dynamique, celui qui régit toute la vie du sujet dans ses moindres facettes et qui est parfaitement cohérent malgré les apparentes contradictions. Il s'agira pour cela de déceler le but de supériorité, la manière caractéristique dont le sujet cherche à l'atteindre et l'opinion qu'il a formée sur le monde.

Si le style de vie est ancré au point qu'une personne ne puisse s'en dépêtrer toute seule, encore faut-il se rappeler que son comportement n'est pas inné : même si elle l'a établi très tôt au cours de sa vie, son système névrotique peut être déstabilisé pour donner place à une attitude plus constructive.

« Les réactions de l'âme humaine ne possèdent nullement un caractère définitif ; elles ne peuvent jamais être que des réponses provisoires, non autorisées à prétendre à la pleine exactitude. » (C.H., p. 25-26)

Le patient arrive généralement à la consultation avec le récit des *faits* qui l'ont perturbé. Il a subi une perte, un deuil, un abandon, un accident, une humiliation qui ont déclenché une crise existentielle. Il se plaint de ceux qui l'ont lésé, en arrive à déplorer les erreurs éducatives de ses parents et, s'il s'accuse lui-même de tel ou tel faux pas, erreur de jugement, maladresse, c'est à l'aveuglette, sans connaître les tenants et aboutissants de sa propre conduite. Il se contente parfois d'incriminer le Destin : « Je n'ai jamais eu de chance. »

On s'informera, bien sûr, de son enfance – climat familial, place tenue par l'enfant dans sa famille, dans sa fratrie, défauts qu'on lui reprochait alors, maladies qu'il a contractées – également de son passé scolaire, de ses premiers souvenirs d'enfance, de ses rêves éveillés et nocturnes, sans oublier le facteur exogène qui a pu déclencher la crise. Mais le plus intéressant est de connaître *l'opinion du sujet* sur ce qui lui est arrivé et de l'amener à comprendre *qu'il construit lui-même sa vie* à partir de ses impressions. Il ne changera pas les faits, il peut, en revanche, modifier sa représentation des faits. Chacun des éléments mis au jour ne sera utilisable que si l'on découvre sa cohérence avec l'ensemble de la personnalité du patient et son plan de vie. Il faut aussi se souvenir que *la question importante n'est pas d'où vient la maladie mais où elle mène.*

Les premières séances contiennent des informations essentielles, car le patient n'a pas eu le temps de forger des résistances contre l'investigation de l'analyste. Il reprendra un peu plus tard ses défenses habituelles et son discours sera à la fois plus libre et plus suspect. Apparaîtront alors l'intensité du sentiment d'infériorité, le but fictif compensateur, le style de vie qui en découle, le degré de sens social, la réserve de courage et d'énergie sur laquelle il peut compter.

À mesure que se déroule le récit du patient, son corps exprime des sentiments, parfois en accord, parfois en contradiction avec ses propos. La façon dont il se présente, le caractère de sa poignée de main, le choix du siège où il va s'asseoir, ses regards, sa démarche sont autant d'indications utiles au thérapeute à condition d'éviter les interprétations hâtives. Adler explique que, par moments, il entendait comme en sourdine les paroles du patient pour se consacrer à l'observation de sa « pantomime » ou « langage des organes ».

Répétons-le, ces observations ne sont que les pièces d'une architecture complexe et il faut les retirer ou les modifier si elles ne paraissent plus cadrer avec le bâtiment en cours de construction. Peu importe où nous commençons : n'importe quelle notation peut nous mener au cœur du problème à condition qu'elle soit juste. Dans ce travail, l'intuition joue un grand rôle.

Le corps réagit aux circonstances autant que la parole ou la pensée :

> « *Une surprise provoque le rire, des larmes, une mimique souvent fort amusante. Demandez à quelqu'un : "Qu'est-ce qu'on appelle compact ?" ou "Qu'est-ce qu'un escalier tournant ?" ou encore "Qu'est-ce qu'un clocher ?", et vous le verrez répondre par tout un ensemble de mouvements.* » (T.N., p. 149)

Un analyste aussi exceptionnel que l'était Adler devait trouver souvent, d'un seul regard, la pièce manquante du puzzle, alors que d'autres en essaieront plusieurs avant d'adopter la bonne. Il avait très vite une vision d'ensemble, même s'il vérifiait scrupuleusement chaque hypothèse. Nous avons vu que, pour lui, la thérapie n'était pas une science, mais un art, le thérapeute un artiste, comme le peintre ou le poète, qui ne construisent pas leur personnage de pièces et de morceaux, mais le voient apparaître tout entier, avec sa personnalité propre, sous le pinceau ou sous la plume.[19]

---

[19]. Adler consacre un chapitre entier à Dostoïevski dans *Pratique et théorie de la Psychologie individuelle comparée*.

L'inconscient

L'inconscient, pour Adler, n'est pas le « Ça » freudien, réservoir de pulsions refoulées qui y bouillonnent, prêtes à éclater en surface : la névrose résulterait d'un « refoulement manqué ». Adler, qui définit l'inconscient comme *la partie ombrée de la vie,* celle que nous préférons ignorer, voit le refoulement non comme source mais comme *effet secondaire* de la névrose, destiné à protéger la volonté de puissance.

Le névrosé ne sait comment résoudre utilement les problèmes que lui pose l'existence. Craignant sans cesse de ne pas être « à la hauteur », il procède aux « arrangements » dont nous avons vu maints exemples. Adler, qui a remarquablement étudié les conduites déviantes, délinquance, alcoolisme, toxicomanie, crime, perversions sexuelles, fait remarquer, à propos des alcooliques, que l'allusion à leur alcoolisme leur est moins douloureuse que si l'on critiquait leur *incapacité.*

Le tueur en série préfère le risque de la prison à vie, quand ce n'est pas de la peine capitale, plutôt que de renoncer à être, dans sa « spécialité », le premier, le plus fort, celui qui envahit les « unes » des journaux et les écrans de télévision, qui terrorise un quartier ou une population entière.

Le but idéal illusoire que le patient s'efforce vainement d'atteindre et le style de vie qu'il s'est forgé pour y parvenir ne résisteraient pas à une critique quelque peu lucide. Il pratique donc la cécité, se trompant lui-même autant qu'il trompe les autres, enveloppant ses choix de vie d'un brouillard. Ce brouillard, c'est l'inconscient, qu'il préfère ne pas explorer. Il en est ainsi pour beaucoup d'entre nous : plus nous sommes perturbés, plus nous avons tendance à considérer le *statu quo* comme moins dangereux que le changement, même si cette opinion s'avère le plus souvent erronée.

La maladie fait partie des excuses dont la source doit demeurer cachée. Tomber malade le matin d'un examen n'est pas chose si rare. Il est possible que le sujet reste aveugle à la signification de ce soudain malaise et se raconte, toute sa vie, qu'il aurait été reçu en bon rang à telle grande école s'il s'était réveillé en parfaite santé. La cause de sa défection est plus probablement qu'il ne se sentait pas prêt et craignait un échec.

Là où le patient redoute l'exploration de son inconscient, l'analyste lui propose de tenter l'aventure en l'y accompagnant, en éclairant un par un certains objets qui ne sont sans doute pas aussi monstrueux qu'il le craint. L'inconscient est là, dans l'ombre, et le patient, rassuré par la présence de l'analyste, s'avance vers ces lieux obscurs. Il y découvre peu à peu la partie inconnue de l'iceberg que forme sa personnalité.

Certaines défenses s'amenuisent, nous l'avons vu, par un examen rationnel. Mais, pour mettre en lumière le but fictif, avec tout l'engagement qu'il suppose, nous devons nous porter du côté de l'émotionnel et de l'imaginaire. Les symptômes morbides, les actes manqués, les souvenirs d'enfance, les rêves sont des essentiels à l'interprétation des troubles.

Les premiers souvenirs

C'est une caractéristique de l'analyse adlérienne d'interroger très tôt le patient sur son *premier souvenir d'enfance*. Au cours des séances, d'autres s'y ajoutent et le patient retrouve des scènes complémentaires, souvent plus anciennes encore.

S'il dit n'avoir aucun souvenir d'enfance, c'est qu'il craint de les voir s'opposer à son style de vie. Mais ces souvenirs, même oubliés, agissent de l'intérieur : ils sont passés dans les attitudes et les émotions du sujet. Il est fréquent qu'ils lui reviennent en mémoire au cours des séances.

> *« Le malade névrosé cherche d'une façon tendancieuse des souvenirs de son enfance lui permettant de se mettre en valeur et de se protéger contre les dangers présents et futurs, contrairement à l'artiste et au génie qui, en étroite connexion avec la réalité, s'efforcent activement de trouver des voies nouvelles. »* (P.T., p. 124)

Freud recherchait les souvenirs traumatiques pour expliquer la naissance du symptôme. Rappelons qu'Adler ne croyait pas à l'influence directe des événements sur un individu : d'une part, il fallait compter avec *l'opinion* du sujet sur ce qui lui était arrivé, d'autre part, sur l'intégration de tel fait dans l'axe qui menait au *but fictif* contraignant. La psychanalyse n'amenait pas au jour ce but fictif.

Les images-souvenirs sont des scènes réelles ou imaginées, inventées de toutes pièces ou déformées ; peut-être la scène n'a-t-elle pas été vécue mais seulement racontée plus tard à l'enfant. Peu importe qu'elle soit vraie ou fausse, qu'elle soit réellement la plus ancienne ou pas ; sa valeur pour l'investigation de la personnalité vient du fait qu'elle a été *choisie* et racontée par le patient comme étant, en quelque sorte, à l'origine de sa vie psychique.

Adler a indiqué plusieurs fois dans ses ouvrages comment, à la suite d'une grave maladie, lui était venu le désir de devenir médecin. Il explique également que, pour surmonter sa peur de la mort, il s'était obligé, pendant une certaine période, à distancer ses camarades de l'école primaire et à courir dans les allées du cimetière jusqu'au moment où il se sentait rassuré. Ce souvenir était très fort en lui. Trente ans plus tard, il apprit qu'il n'y avait jamais eu de cimetière sur le chemin de l'école. Son imagination avait créé une fiction tout aussi puissante qu'aurait pu l'être la réalité.

Chaque scène d'enfance remémorée a pour but de soutenir, de confirmer le style de vie adopté par le patient, de justifier ses choix. Si nous nous souvenons que le « style de vie erroné » utilise toutes les facultés de l'individu pour se maintenir, cela ne nous étonnera pas que la mémoire s'en fasse complice et s'en nourrisse (Adler la qualifie de mémoire « cannibale »). Mais le souvenir reflète aussi l'état intérieur du patient *ici et maintenant*. Il est en rapport direct avec sa situation présente, le souvenir réfléchit, en particulier, ce qui est en train de se passer dans le tête-à-tête avec l'analyste ; il constitue souvent une forme déguisée de demande à son égard.

E. se souvient qu'à quatre ans, au cours de vacances familiales en Normandie, elle est entrée avec son frère dans un champ qui jouxtait la maison. Des hommes avaient attaché un agneau, les pattes en croix, sur une table. Elle se rappelle que son frère l'a aussitôt entraînée par la main : « Viens, je ne veux pas voir ça. » Elle comprit alors qu'on allait tuer l'agneau.

Cette jeune femme avait 8 ans au début de la Guerre mondiale. Les atrocités qui se déroulaient autour d'elle et dont elle recevait des échos l'ont tant impressionnée qu'il n'est pas impossible de considérer l'augmentation rapide de sa myopie comme une métaphore : « Je ne veux pas voir ça. »

On comprend aussi, par ce souvenir, que le frère aîné occupe une place prépondérante dans sa vie. Il est le protecteur, exactement comme E. demande à l'analyste, un homme un peu plus âgé qu'elle, de la protéger. E. associe : « J'espère ne jamais voir un accident sur la route, je m'évanouirais s'il y avait des blessés. » Au cours des entretiens, E. va récupérer une bonne dose d'énergie et d'aptitude à la coopération. Elle passera d'une attitude de fuite à une autre solution : au lieu de se cacher la tête dans le sable, elle fera front en passant son brevet de secouriste !

Le frère aîné, dans cette fratrie, est un modèle, un objet d'identification privilégié, un *homme*. E. aurait voulu être un homme. Elle aurait pu, dans ce cas, devenir professeur d'université, poste qui, dans sa jeunesse, était peu accessible aux femmes.

Enfant, elle a été un « garçon manqué ». Un second souvenir lui reviendra : elle a cinq ans, elle « frime » sur sa bicyclette devant une petite amie de trois ans qui ne sait pas monter à vélo. Au lieu d'être la « petite » par rapport à son frère, elle est ici la « grande » et se montre sportive *comme si* elle était un garçon.

D'autres interprétations étaient possibles. Il y a une grande richesse dans ce déroulement du « premier » souvenir ou de ce qui est considéré comme tel. Le fait que la mère n'y soit pas évoquée peut signaler un trouble dans la relation mère-enfant. C'est le cas pour E., qui accuse sa mère de ne l'avoir

151

jamais comprise (elle a choisi un analyste de sexe masculin parce qu'elle préférait son père). Plus tard, E. se revoit dans un berceau en osier, bercée par sa mère. Ce souvenir très précoce lui revient dans une phase où son ressentiment s'apaise.

F., lui, a eu un père éternellement absent, qui se contentait de « passer » à la maison de temps à autre, chargé de cadeaux comme pour s'excuser. Le premier souvenir de F. le montre allant un matin à l'arrêt du bus scolaire : *son père le tient par la main*. Il a, dès lors, couru après ce père en fuite, dont la main s'éloignait sans cesse et, depuis qu'il a lui-même des enfants, il s'épuise à être un père idéal. Lorsqu'il entreprend l'analyse, il est prêt à sacrifier un travail qui lui convient parfaitement mais qui l'oblige à de fréquentes absences.

La demande envers l'analyste est transparente. Il découvre, dans cette nouvelle relation, qu'il y a différentes manières d'être un « bon père », pas seulement celle du pélican, et différentes manières d'envisager un travail professionnel.

Adler cite l'exemple d'un homme qui, au moment de se fiancer, était pris de doutes que rien apparemment ne justifiait : il craignait d'être trompé par sa future épouse. Cette crainte le remplissait d'angoisse au point de vouloir rompre ses fiançailles. Il confia son plus ancien souvenir : il est sur un marché avec sa mère et son petit frère. À cause de l'affluence, sa mère le prend dans ses bras puis s'aperçoit qu'elle s'est trompée ; elle le repose à terre et se charge du cadet.

Ce souvenir exemplaire montrait l'homme torturé à l'idée d'être remplacé. N'oublions pas, cependant, qu'un tel souvenir n'est jamais une *cause* traumatique directe. Un autre enfant aurait pu interpréter différemment la même scène, par exemple : « Je suis trop grand pour être pris dans les bras comme un bébé, c'est bon pour mon petit frère », et il en aurait tiré de la fierté. L'interprétation qu'en faisait ce malade, entraînait au contraire toute une conduite de recul devant la vie, l'amour, le mariage, dont il redoutait les risques : « On croit être aimé, mais il y a peut-être erreur sur la personne. »

Adler relate aussi le cas d'un homme qui se souvenait, étant petit, d'être resté longuement assis près d'une fenêtre. Il regardait des ouvriers couvreurs qui refaisaient le toit de la maison d'en face. Les entretiens firent apparaître qu'il se sentait inapte à de nombreuses activités ; il se contentait de *regarder agir les autres* et de les admirer sans oser s'y essayer, même s'il en avait un grand désir. Adler encouragea cet homme à adopter un métier où il utiliserait son don d'observation : il guérit et devint antiquaire.

Outre les récits de souvenirs et les rêves proprement dits, j'utilise à l'occasion le récit imaginaire selon la technique du *Rêve éveillé dirigé*. À une patiente qui, au cours de son second entretien, forgeait un récit merveilleux, je demandai de donner un nom à l'héroïne. Elle répondit spontanément : « Médée », ce qui ne correspondait pas à l'histoire inventée mais nous fournit à la fois un riche matériel mythologique et un jeu de mots poétique d'une importance capitale (« m'aider »).

Les rêves

Le phénomène du rêve a toujours fasciné les hommes. Longtemps, il a été considéré comme prophétique. Adler réagit en matérialiste à cette proposition et montre comment, en « faisant parler » un rêve, on peut toujours prétendre qu'il est prophétique : il cite l'anecdote, racontée par Cicéron, du poète Simonides qui annula un voyage en mer parce qu'il avait rêvé que le bateau faisait naufrage. Effectivement, le bateau coula.

S'il n'avait pas sombré, fait remarquer Adler, on aurait pu dire que l'accident se serait peut-être produit si Simonides avait embarqué. Tout en réfutant les superstitions, il rejoint cependant, de façon curieuse, l'idée que le rêve annonce l'avenir, puisqu'il reflète et renforce la démarche du rêveur vers son but inconscient. De l'analyse d'un rêve, on peut, en principe, déduire les mouvements qui entraîneront le dormeur à son réveil.

> « *L'élément prophétique du rêve est compréhensible dans la mesure où rêve et réalité présentent la même position prise par un individu.* » (C.H., p. 103)

Dans le rêve, la « correction sociale » ne joue plus. Le monde extérieur s'efface, les facultés critiques du rêveur sont désamorcées. Comme, une fois éveillé, il pourrait se souvenir de ses rêves et en saisir le message réel, il prend soin, pendant son sommeil, d'en coder les images, d'utiliser des métaphores, des analogies (souvent des images d'animaux), des comparaisons simples, enfantines. Parfois, il se contente de les oublier. De ce fait, il ne demeure au réveil qu'une tonalité affective, des états d'âme, un entraînement à l'action qui doivent créer un renforcement de son but de toute-puissance. Le rêve du névrosé est un encouragement à suivre ses chimères sans possibilité de critique.

Le rêve reflète, de façon sommaire, la façon dont se comporte ordinairement le rêveur lorsqu'un problème se pose à lui. En rêve, il tâtonne à la recherche de solutions qui préserveront son « sentiment de personnalité ». En fait, remarque Adler, le rêve ne nous dit rien de plus que ce que nous pourrions savoir par la conduite et les paroles du patient mais, le disant autrement, il peut attirer notre attention sur des éléments que nous aurions négligés.

L'imagination est l'une des forces utilisées par notre psyché pour maintenir un style de vie tourné vers le but idéal. C'est elle qui crée le rêve éveillé et qui trouve son épanouissement dans le rêve nocturne, où la raison et l'esprit critique ne fonctionnent plus. C'est là qu'elle se dégage le plus totalement de la réalité extérieure, tout en restant tributaire du style de vie. Lorsque la réalité a posé un problème au rêveur, le rêve représente cette épreuve, souvent en la magnifiant.

Comme l'hallucination des psychotiques, le rêve représente la prise de position qu'a le rêveur face à la vie et le chemin à suivre pour conserver la fiction directrice malgré une situation menaçante. Le rêve a différentes fonctions : prévoir, prévenir, protéger le rêveur. C'est aussi un activateur d'émotion. Il surgit lorsque notre démarche vers le but idéal, le but fictif, se heurte à la sanction de la réalité.

Si le névrosé trouve des solutions en rêve, ces solutions ont un caractère inapplicable : elles sont fondées sur de faux jugements. Le rêve, précise Adler, montre au patient la voie qu'il doit suivre *pour se soustraire à la guérison,* ce qui est particulièrement évident dans les rêves où il présente des doutes par rapport à la compétence du thérapeute (par exemple, il doit subir une opération dans un hôpital mais il est inquiet, car le chirurgien est absent ou peu qualifié).

Certains thèmes de rêve reviennent fréquemment : l'envol, la chute, le terrain glissant, crainte de perte de prestige ; la découverte qu'on est nu ou habillé de façon grotesque en pleine rue, signe que l'on craint de laisser voir ses imperfections ; ou encore le retard. *Arriver en retard,* c'est témoigner de la « conduite hésitante » du névrosé ; elle invite, dans le rêve, à manquer un train, un bateau, un rendez-vous, tout voyage (toute modification du style de vie) paraissant trop aventureux à celui qui manque de confiance en soi.

Dans les deux exemples suivants, un « rattrapage » a été opéré, exacerbant le sentiment de puissance.

- Une patiente rêve qu'elle doit se rendre à une fête. Multipliant les maladresses, elle a accumulé un retard de toute une semaine (les détails temporels ont, bien sûr, pour chacun, une signification précise). À son arrivée, les lampes sont éteintes, la pièce déserte. Un moment désappointée, elle découvre qu'elle s'est trompée, que la fête a lieu dans une autre salle et qu'on l'a attendue pour commencer : elle l'a échappé belle !
- « Je dois prendre un bateau, raconte une autre patiente, je me mets en retard et, quand j'arrive sur le quai, je vois s'éloigner le bateau. Mais le capitaine m'aperçoit et fait demi-tour pour me prendre à bord. »

L'analyse des deux rêves, confirmée par les rêveuses, montrait que leur « attitude hésitante », et leur retrait par rapport au réel risquaient de produire quelque sérieuse déconvenue, respectivement : une fête, un voyage, manqués. Mais, ô miracle, on a attendu l'une (toute une semaine !), et on est revenu chercher l'autre.

Le seul moyen que possède un individu ordinaire pour prendre un bateau ou être présent à une fête, c'est simplement d'arriver à temps, mais le rêve fait miroiter une autre solution, infiniment plus valorisante : si vous êtes une personne importante, le monde entier tournera autour de vous (l'exactitude est la politesse des rois, mais nullement une obligation !)

Le songe du bateau est d'autant plus intéressant qu'il a révélé de multiples significations. Outre l'hommage du capitaine, qui met tous les passagers en retard pour venir chercher la rêveuse, on peut faire les observations suivantes :

1. Les erreurs et maladresses qui mettent la patiente en retard montrent son hésitation à « s'embarquer » dans l'analyse. Elle pourrait sans doute s'y décider si l'analyste (le capitaine) lui témoignait les égards qui lui sont dus (accomplissait une manœuvre compliquée pour elle toute seule). Ce serait extrêmement gratifiant, mais le rêve tourne court avant la montée à bord.

2. Lorsque je demande à « ma » patiente si elle pense qu'un capitaine de navire agirait ainsi, elle s'écrie : « Moi, c'est ce que je ferais ! » Cette réponse révèle une autre visée mythique : être le Sauveur, celui qui abandonne le troupeau pour secourir la brebis égarée. Cette patiente aide beaucoup les autres et estime juste qu'on se dérange pour elle, ce qui, m'explique-t-elle, ne se produit guère dans la vie quotidienne.

3. Une interprétation plus profonde était encore envisageable : le père de la rêveuse (le capitaine) était mort peu auparavant ; elle n'avait pas eu avec lui une relation satisfaisante et en concevait beaucoup d'amertume ; elle lui reprochait en particulier de mal l'accueillir lorsqu'elle lui rendait visite. Elle pensait que, s'il n'était pas mort, elle aurait pu à présent nouer avec lui des liens nouveaux, plus positifs. Dans son rêve, *elle le fait revenir du séjour des morts* (le bateau se dirigeant vers la haute mer est un symbole de la nef qui emporte les défunts, un *vaisseau fantôme*). Le but idéal de cette patiente, aurait dit Adler, c'est donc, comme pour bien d'autres, *d'être Dieu*.

En 1899, Freud tordait le cou aux antiques clefs des songes en publiant son livre sur l'interprétation des rêves. Adler, impressionné par cette approche scientifique d'une immense richesse, en conserva certains éléments : l'écart entre le contenu manifeste et le contenu latent[20], la relation étroite entre rêve

---

20. Adler, pas plus que Freud, n'a éclairci le problème du *lieu* de la « censure ».

et rêveries éveillées, oublis, lapsus, l'importance de la tonalité qui accompagne le rêve et la technique d'interprétation basée sur l'association libre.

Il refusait cependant de fonder cette interprétation uniquement sur l'accomplissement de désirs sexuels infantiles. Le désir érotique, s'il apparaît dans le rêve, n'est qu'un *déguisement des tendances dominatrices,* une métaphore parmi d'autres au sein d'une grande variété de facettes liées à la lutte pour la supériorité. Il était temps, selon lui, de se défaire de l'hypothèse freudienne, qu'il qualifiait de *secondaire* et *déroutante,* sans oublier, toutefois, que Freud avait eu le mérite d'établir les premières démarches permettant l'analyse des rêves.

> « *Étant donné que chaque forme d'expression psychique est un mouvement ascensionnel indiquant le passage d'une situation inférieure à une autre supérieure, chaque mouvement psychique pourrait être décrit comme étant la satisfaction d'un désir.* »
> (S.V., p. 165)

Le plaisir est un adjuvant à notre ascension vers le but mythique, il n'en est pas la fin dernière.

Un exemple succinct peut donner une idée des différences d'interprétation suivant que l'on suit la ligne freudienne ou la ligne adlérienne : une « vieille fille » de trente-six ans, qui a une liaison avec un homme marié, rapporte à Adler le rêve suivant : « *Je suis couchée à vos pieds et je tends mon bras pour toucher la soie de votre habit. Vous faites un geste lascif. Le voyant, je vous dis en souriant : ' Vous n'êtes pas meilleur que les autres hommes.* »

De ce rêve, Adler déduit non le désir sexuel (simple métaphore) mais la position « féminine » (elle est à ses pieds) aussitôt compensée par une élévation « masculine » (elle tend le bras) et suivie d'une dépréciation du médecin (la soie est un élément de toilette féminine) et d'une généralisation du peu de valeur de la gent masculine (il n'est pas meilleur que les autres hommes)[21].

On ne s'étonnera pas si, dans l'analyse d'un rêve, l'analyste adlérien s'intéresse tout particulièrement aux mouvements de bas en haut ou de haut en bas. Ils représentent l'essor vers le statut ambitionné ou la crainte d'une perte de prestige.

Ainsi, un homme qui a été promu dans sa société se voit chargé, chaque semaine, de réunir ses collaborateurs et de les informer. Il vient me voir, se plaignant d'être dans ces occasions la proie du trac : les quelques mots qu'il doit leur adresser ont du mal à sortir, il lui arrive même de craindre un vertige ou de bégayer. Une nuit, il rêve qu'il harangue, dans un stade, une foule immense. Il est juché sur un siège élevé, dominant de très haut son public, et les mots lui viennent d'eux-mêmes, clairs, bien articulés.

---

21. On peut lire l'analyse détaillée de ce cas dans le chapitre 3 du *Tempérament nerveux*.

L'analyse du rêve amène le patient à avouer que, malgré sa promotion, il est insatisfait du statut qui lui a été attribué. Il aspirait à de plus grands honneurs. Son rêve lui donne l'illusion que si, au lieu de s'adresser à sept ou huit collaborateurs, il haranguait une assemblée de dix mille personnes, son immense talent serait enfin reconnu et sa volonté de puissance réalisée.

> « *On peut arriver à la conclusion que le sommeil et la vie du rêve sont une variante de la vie éveillée et aussi que la vie éveillée est une variante de l'autre. La loi fondamentale de ces deux formes de vie, veille et sommeil, est : ne pas laisser sombrer le sens de la valeur du moi.* » (S.V., p. 174)

On peut aussi considérer le sentiment d'impuissance qui envahit le dormeur et qui suscite souvent des rêves de captivité, d'oppression, de paralysie. Cette impuissance, qui évoque celle de sa vie éveillée, l'amène à se débattre en rêve pour dominer cet état d'infériorité et d'insécurité.

Le rêve est trompeur. Il l'est d'autant plus que lui manquent le sens social et les contraintes de la réalité. L'imagination, délivrée, peut se donner libre cours et proposer des solutions absurdes (on ne s'envole qu'en rêve !), qui auront le seul mérite de soulager ou de consoler le rêveur sans apporter aucune amélioration dans sa vie réelle.

Il arrive que le dormeur fasse plusieurs rêves au cours d'une même nuit. Il s'agit généralement d'une même difficulté qui le tourmente. On peut voir alors clairement qu'il cherche en vain différentes solutions à ce même problème. Le rêve tente de donner un appui au style de vie mais il n'est pas épargné par les doutes et les hésitations. Il faut arriver à faire comprendre au patient que, tel Pénélope, il redéfait la nuit ce qu'il tisse le jour.

On constate au cours des entretiens analytiques que, plus le sujet avance vers une meilleure compréhension de ses troubles et craint d'avoir à modifier son style de vie, plus ses rêves – dont il s'éveille le plus souvent perplexe – lui indiquent de fausses solutions faciles, gratifiantes, puisqu'elles ne tiennent aucun compte de la réalité ni d'autrui. L'émotion demeure, d'autant plus fortement que le contenu du rêve, dont le seul objet était de susciter cette émotion, a été oublié.

Le rêve, en effet, peut être oublié ou ne laisser surnager, au réveil, que quelques bribes, voire un simple sentiment, d'euphorie, par exemple, ou de malaise. Dans ce cas, comment maintenir l'idée de son rôle dynamique ? Comment se fait-il, interroge Adler, que personne ne comprenne ses rêves, que personne n'y prête attention et que, généralement, on les oublie ? C'est que, répond-il, *l'homme sait plus qu'il ne comprend*. La fonction du rêve, ce n'est pas de fournir au rêveur des explications logiques, une vision claire de ses démarches. Bien au contraire, il le détourne du sens commun. Cela, il le produit en s'effaçant pour laisser subsister des émotions, des élans, des sentiments, des analogies qui le confirmeront dans son chemin névrotique.

Au sujet du rêve, comme de toute autre manifestation de la vie psychique, Adler nous rappelle qu'aucun de ses éléments ne doit être interprété de façon isolée. Les scènes du rêve ne peuvent être déchiffrées qu'associées aux autres phénomènes observés dans la vie du patient. De même qu'un rêve offre plusieurs interprétations possibles, un même épisode onirique n'aura pas la même signification pour deux personnes différentes. D'où le refus de fixer des règles d'interprétation : là encore, c'est à son intuition que le thérapeute doit se fier.

> « *Ce qui, en dormant, se déroule dans le monde de notre pensée sous des formes si singulières n'est autre chose que la construction du pont qui mène d'une journée à son lendemain. Si nous savons comment un homme prend position dans la vie, comment, à l'état de veille, il a accoutumé de poser ce pont vers l'avenir, nous pouvons comprendre aussi son curieux travail de pontonnier effectué en rêve et en dégager des conclusions. À la base du rêve se trouve donc une prise de position envers la vie.* » (C.H., p. 97)

Il arrive que le sens réel des images n'apparaisse que plus tard, après plusieurs séances d'analyse. Quelquefois, le rêve se répète, comme pour nous inciter à le comprendre. Les rêves récurrents nous intéressent pour la détection du style de vie, puisqu'ils insistent sur ses thèmes essentiels. Les rêves longs et embrouillés témoignent de la difficulté qu'a le rêveur à choisir une solution à ses problèmes et de son attitude hésitante dans la vie.

L'analyse suit son cours, avec ses avancées et ses périodes stagnantes. En lisant les cas développés par Adler, on s'étonne de la *maestria* qui lui permet de débrouiller, à partir de quelques fils, un écheveau malignement emmêlé. Il ne se fait pourtant pas d'illusions et déplore que notre connaissance des hommes n'aille pas loin, et encore moins la connaissance de nous-mêmes :

> « *Il semble que ce qu'il y ait de plus difficile pour un homme soit de se connaître et de se transformer soi-même.* » (C.H., p. 16)

🔍 Synthèse

- Adler constate à quel point la connaissance de l'être humain est déficiente et plus encore la connaissance de soi-même.
- Les théories psychologiques apportent un soutien au psychothérapeute mais doivent être écartées si elles n'éclairent pas le cas individuel d'un patient.
- La personnalité de l'analysant doit être saisie dans son ensemble, avec son système dynamique et ses apparentes contradictions. Aucun symptôme ne peut être interprété isolément
- Les premiers souvenirs d'enfance, dans la mesure où la mémoire les a retenus et continue à les activer, sont significatifs des difficultés présentes du patient.
- L'analyse des rêves est au centre de la cure : ils représentent moins la réalisation de désirs refoulés, comme l'énonce Freud, que la recherche nocturne de solutions pour les difficultés survenues pendant le jour.
- Les troubles psychologiques étant produits par le sentiment d'infériorité et la recherche plus ou moins fiévreuse de sa compensation, le symbolisme du rêve s'exprime dans des notions de haut, de bas, de montée, descente, chute ou envol, victoire ou humiliation, et les signes de masculinité et de féminité sont interprétés comme désignant « le haut » et « le bas », selon les conventions sociales, plutôt que comme des symboles sexuels.

Le vocabulaire d'Alfred Adler

Adler utilise les mots qui sont à sa disposition, de préférence des mots simples, pouvant être compris de tout le monde. Parmi ces mots, certains ont choqué des lecteurs d'aujourd'hui, par exemple quand l'auteur mentionne l'âme. Mais il n'y a là **aucun concept religieux.** Le mot *âme* est pour lui l'équivalent de *vie psychique,* ce n'est pas une entité métaphysique mais **un ensemble de forces organisées en fonction d'un but.** D'autres termes dérangent parce qu'ils ne répondent pas à notre langage d'aujourd'hui, si « politiquement correct », qui nous empêche par exemple d'évoquer, comme le fait Adler, le *normal* et *l'anormal*. On le sait, pourtant, Adler a répété maintes fois qu'il n'existait **aucune différence de nature entre la normalité et la folie,** la différence étant seulement produite par le degré de souffrance.

De la même façon, le fait qu'il se garde de tout jugement de valeur vis-à-vis de ses patients ne l'empêche pas de classer les enfants difficiles en *menteurs, voleurs, vaniteux, poltrons, paresseux* ou autres, tout comme le ferait un traité de morale. Ce qui compte ici, ce n'est pas le terme employé (celui que pouvaient comprendre les enfants, leurs parents ou les enseignants), c'est la démarche du thérapeute, où l'on voit qu'il ne s'agit jamais de défauts congénitaux ou de vices, mais seulement **d'erreurs de parcours** occupant une place dans la dynamique dirigée vers un but fictif. Il en est de même lorsque, évoquant des cas cliniques, il nous parle des *ruses* du patient, de sa *duplicité,* de sa *lâcheté* ou de son *égoïsme*, ou lorsqu'il traite le névrosé de « *déserteur* ». Il ne s'agit pas là non plus de *tares,* mais *d'erreurs,* comme le voulait Socrate, erreurs que devrait corriger le simple appel au bon sens.

Il précise lui-même cet aspect des choses : « *un examen psychologique exige une objectivité absolue afin de ne pas troubler la vie par un jugement moral* ». (C.H., p. 25)

Adler *versus* Freud

Freud	Adler
La conscience est minimisée	La conscience est valorisée
L'âme non prise en compte	L'âme prise en compte
Le Moi est rétréci	Le Moi est central
Importance du périphérique	Importance du central
Les lois générales et homothétiques	Lois idiographiques appliquées à l'individu
La personne est atomisée	La personne est une totalité
L'analyse scinde en éléments	Description phénoménologique
Structuralisme statique	Relativisme
Accent sur apprentissage	Accent sur perception
Apprentissage par association et conditionnement	Apprentissage par réorganisation et intuition
Behaviorisme	Psychologie de la forme
Psychologie du stimulus-réponse	Accent sur les variables entre stimulus et réponse
Conception mécaniste	Conception organique
Réduction à des causes objectives	Compréhension par empathie
Approche génétique et historique	Approche non-historique
Déterminisme	Téléologie immanente
Déterminisme « dur » par la pression externe	Déterminisme tempéré issu de la nature profonde
Psychologie comme une science naturelle	Psychologie comme science intellectuelle et sociale

Chapitre 15

Comment lire Adler ?

Aucun texte sur Adler ne saurait rendre la richesse de sa pensée. Il faudra donc s'attaquer à ses propres ouvrages, mais comment ? La question se pose, car il y a *deux lectures* fort différentes de son œuvre.

Adler n'avait pas le génie littéraire d'un Freud ou d'un Jung, et cela peut expliquer la moindre réputation de son œuvre. *La pratique sera notre vraie œuvre,* écrit-il, *aucune éducation ne peut être construite dans le vide.* Il a pourtant beaucoup écrit, souvent à la hâte, car il consacrait le plus clair de son temps à soigner. Quelques-uns de ses ouvrages, de ses articles, s'adressent à des spécialistes, d'autres au grand public.

Souhaitant rendre sa doctrine accessible à tous, il en a lui-même souvent réduit la portée, se contentant d'explications simples, gommant sa particulière subtilité. Il a toujours voulu *être compris de tous,* particulièrement des éducateurs, parents, instituteurs, directeurs d'école, autant que des médecins ou des psychiatres qui partageaient ses idées.

Adler lui-même se rendait compte des limites de la vulgarisation :

« *Il est risqué,* écrit-il, *de vouloir exposer les résultats de la Psychologie individuelle d'une façon brève, car il faudra toujours exprimer les dynamismes par des paroles ou des images. En s'efforçant de passer outre à certaines divergences, afin de gagner des formules générales, on commettra, au moment de la description l'erreur formellement interdite dans notre pratique, d'aborder la vie psychique de l'individu avec un schéma rigide, comme le fait l'école freudienne.* » (P.T., p. 23)

Il disait aussi de sa théorie qu'elle lui servait comme une quelconque grille d'appréciation des comportements humains, comportements dont l'extraordinaire variabilité exigeait beaucoup de souplesse et d'imagination de la part du thérapeute. « La thérapie adlérienne est *centrée sur le patient* », comme le formulera Rogers, et non sur des idées abstraites.

Il n'ignorait pas les limites de toute connaissance et, surtout, de tout savoir théorique. Et de conseiller à ses auditeurs :

« *Vous avez à lutter contre les difficultés qui résultent des différentes interprétations de la recherche scientifique. Nous tolérons la comparaison. Vous devez prendre également connaissance des autres théories et points de vue.* **Comparez soigneusement, ne croyez personne sur parole – moi pas plus que les autres.** » (E.D., p. 210)

On a parfois critiqué chez Adler son apparent « moralisme ». Il est vrai qu'il ne cesse d'exalter le *sentiment social* ou *sentiment de communion humaine* comme préalable à toute existence fructueuse. Mais il ne s'agit pas d'un principe fondateur de doctrine, comme peuvent l'être, par exemple, les injonctions évangéliques.

> Le principe de la collaboration avec autrui n'est pas un enseignement éthique ou religieux, c'est une « *loi inéluctable de la survie de l'espèce : non pas que nous aspirions à devenir des individus tout autres, mais nous sommes placés sous une loi qui veut que nous nous tendions les mains, que nous nous associions et que nous collaborions.* » (C.H., p. 169)

Adler tire *de ses observations* la certitude qu'aucun être humain ne peut vivre ni isolé, ni *comme s'il était isolé, comme s'il était indépendant des autres* : la négation de leurs intérêts, la compétition forcenée, la course au pouvoir, victorieuse ou non, ne peuvent en aucun cas apporter à l'homme un véritable épanouissement. Seule l'aptitude à la coopération, ajoutée au simple sens commun, peut le libérer des cadres où il s'est enfermé, le délivrer des fausses appréciations qu'il a accumulées et lui apporter le bonheur. **Peu importe la vieille controverse : l'homme est-il bon ou mauvais ? L'important est que, s'il n'acquiert pas une certaine forme de bonté, il n'y a pas de survie possible pour l'humanité.**

Certains adversaires d'Adler n'ont pas manqué d'affirmer que sa théorie n'était pas seulement simple, mais simpliste, et qu'elle laissait dans l'ombre certaines questions, comme le choix des symptômes : pourquoi telle personne névrosée se plaint-elle de maux de tête, et telle autre d'une agoraphobie ?

Or, les réponses existent : en ce qui concerne le refuge dans la maladie, le sujet adoptera inconsciemment, pour y fixer un symptôme, un organe ou une fonction fragilisés depuis son enfance ; qu'il s'agisse de maladie ou de comportement, il renforcera ce qui a mobilisé l'attention la plus vive de la part de son entourage.

Qu'on lise *Pratique et théorie de la Psychologie individuelle comparée* ou *Le tempérament nerveux,* on découvrira une écriture riche, dense, appliquée, qui entre dans les moindres nuances de la personnalité sans rien laisser au hasard.

Car la Psychologie individuelle n'est nullement simpliste. Adler l'a sans cesse travaillée, enrichie, confirmée. On peut, certes, la résumer en quelques lignes : un sentiment d'infériorité et d'insécurité, inhérent à l'espèce humaine, nous pousse à nous élever vers un but de sécurité et de supériorité ; nous sommes stimulés sur cette voie ascendante par l'image inconsciente d'un but fictif idéal ; certains éléments font de notre parcours une évolution positive, d'autres la transforment en une dangereuse aventure. Le degré de sens social du sujet, son caractère actif ou inactif, sa tendance à l'optimisme ou au pessimisme en constituent d'importantes variables.

En lisant des ouvrages tels que *Les enfants difficiles* ou *Le sens de la vie*, on va retrouver, d'une page à l'autre, une douzaine peut être de mots-clefs : *infériorité, but fictif, compensation, surcompensation, complexe de supériorité, découragement, sentiment social*... déclinés avec leurs variations – comme une fugue de Bach, fait remarquer le Dr Schaffer, disciple et traducteur d'Adler ; et toujours, en arrière-fond, le désir de l'enfant, puis de l'adulte, d'être reconnu, aimé, admiré, de se trouver au centre de l'intérêt général, d'être *le premier*.

Dans *Les enfants difficiles,* ont été rassemblés des cas qu'Adler analysait en public pour enseigner aux éducateurs ses méthodes de travail. Il leur rappelle constamment les éléments de base de sa technique, utilise les mots du langage courant et se contente d'appréciations sommaires quoique essentielles.

Si l'on passe à la lecture de *Connaissance de l'Homme*, de *Pratique et théorie de la Psychologie Individuelle Comparée,* et, surtout, du **Tempérament nerveux,** le paysage est tout autre. C'est comme s'il existait, dans les ouvrages de vulgarisation les plus accessibles, de grandes lignes et des espaces blancs. Or, c'est à l'intérieur de ces blancs que se trouvent les chaînons manquants, ceux qui complètent l'explication de base, qui rendent compte de la diversité des tempéraments, avec leurs demi-teintes, leurs moindres nuances, qui permettent de suivre pas à pas les observations et les conclusions du thérapeute.

Connaissance de l'Homme permet cette approche. On y trouvera de plus une véritable galerie de caractères qui font penser à ceux de La Bruyère : le « coléreux », le « jaloux », le « trouble-fête »

Le tempérament nerveux est un livre difficile, moins par sa pensée que par sa densité. On ne le lira certes pas en une soirée. D'une écriture parfois touffue, de cet écheveau dont on peine, par moments, à dégager le fil unique – puisque l'Homme est Un et non divisible –, jaillissent soudain des évidences, des passages lumineux, prophétiques, un regard sur les problèmes humains, d'une intelligence et d'une générosité totales. De telles récompenses encouragent la lecture.

Il me semble donc que c'est la meilleure entrée possible dans l'univers adlérien. Celui qui en aura lu avec attention les quelques trois cents pages aura saisi *l'esprit* de la Psychologie individuelle. Il pourra ensuite prendre plaisir à aborder *Les enfants difficiles* ou *Le sens de la vie,* qui en constituent, en quelque sorte, des résumés peuplés d'exemples vivants, d'images, de formules justes, souvent paradoxales, d'autant plus étonnantes qu'elles sont simplement frappées au coin du bon sens, comme l'affirmation que *c'est souvent la chose la plus fâcheuse du monde d'avoir raison* (on dirait du La Rochefoucauld), ou cette autre, inattendue mais si vraie : *il ne faut pas lutter avec un enfant, car souvent on perd ; les enfants sont toujours les plus forts,* ou encore l'idée que la vérité est simplement *la plus efficace des erreurs.*

Une lecture spécialisée, celle de nombreux articles publiés par Adler dans des journaux médicaux, aurait l'intérêt de montrer comment sa théorie a évolué au cours des décennies pour s'épanouir dans la direction que cet ouvrage a tenté d'esquisser.

L'héritage adlérien

Adler a toujours rendu hommage à ceux dont les recherches lui avaient été précieuses. Il cite un grand nombre d'entre eux, médecins comme Charcot, Janet, Stern, Vaihinger, Claude Bernard et bien d'autres, ou philosophes : Kant, Nietzsche, Bergson. En matière d'éducation, Adler appartient à la grande lignée des philosophes et pédagogues qui vient de Montaigne et de Rousseau[22] et qui, en passant par Pestalozzi et Frœbel, aboutissait alors à Decroly et Montessori. Le psychopédagogue Oskar Spiel (1892-1961) fondera tout une technique psychopédagogique sur les bases de la psychologie adlérienne. La première chaire de psychiatrie infantile à Paris, les premières écoles de parents, sont des héritages directs des recherches adlériennes.

Adler nous parle aussi des romanciers et des poètes dont il admirait le génie et dont l'intuition de l'humain le fascinait : Plutarque, Homère, Shakespeare, Dostoïevski, Baudelaire, Strindberg...

> « *Récemment encore, c'était surtout les écrivains qui réussissaient le mieux à relever les traces d'un style de vie. Ce qui excite au plus haut point notre admiration pour leurs œuvres est que leur talent a fait vivre, mourir et agir l'homme comme un tout* indivisible *en connexion étroite avec les problèmes de sa propre sphère de vie.* »
> (S.V., p. 25)

Adler a toujours reconnu ce qu'il devait à Freud. Il ne cache pas son admiration pour le maître de la psychanalyse, il n'hésite jamais à le citer et à rendre hommage à ses travaux tout en les contestant. Il en a gardé certaines idées : que l'inconscient était le principal organisateur de la personnalité (à condition de substituer le but de supériorité à la libido sexuelle), l'attirance vers la mère (symbole de possessivité plutôt que réel désir sexuel), la pulsion de mort (comme échappatoire à la défaite), la peur de la castration (peur de n'être pas un homme, de n'être pas « en haut »). Il pensait que les concepts freudiens gardaient toute leur valeur si on les considérait non comme des données de base mais comme des constructions erronées en vue du but

---

22. L'affirmation d'Adler que *le meilleur connaisseur de l'Homme est celui qui a traversé lui-même les passions* est typiquement rousseauiste.

suprême. Il a aussi reconnu sans hésiter que Freud avait fourni la clef grâce à laquelle on pouvait désormais entrer dans l'analyse des rêves.

Quant à l'homme Freud, il ne l'attaque pas, tout au plus le dit-il « enivré de métaphores sexuelles » et l'accuse-t-il de trop de pessimisme. Il souligne, discrètement, l'influence de la Psychologie Individuelle sur certaines évolutions de la doctrine freudienne et l'on constate, effectivement, que Freud a révisé plusieurs fois ses positions dans un sens « adlérien », eu égard, par exemple, à la *pansexualité* ou au *principe de plaisir* qui devient *compulsion à la répétition.*

Certes, les coups de patte ne manquent pas, par exemple :

> « *Freud décrit invariablement, en se servant d'une nomenclature alambiquée, les échecs des enfants gâtés, sans avoir compris ce qui se cachait derrière* » (S.V., p. 25), avec la précision que Freud lui-même était… un enfant gâté !

Mais l'attitude d'Adler dans ce domaine aura été plus digne que celle de son rival. Freud, lui, s'emploie à dénigrer la personne d'Adler autant que sa théorie dans des pages très amères de la *Contribution à l'histoire du mouvement psychanalytique.*

Les néofreudiens doivent beaucoup à Adler : des personnalités comme F. Alexander, E. Fromm, Karen Horney ont saisi l'intérêt d'intégrer des données sociales à la compréhension individuelle, d'élargir la notion de sexe en parlant plutôt de « réalisation personnelle », de centrer l'analyse sur le présent plutôt que sur le passé.

Adler évoque lui-même la jeune *Gestalt,* dont il reconnaît la parenté, alors qu'il compare la ligne de vie à une mélodie dont chaque son concourt à l'ensemble. La *théorie de la Forme* oppose comme lui l'idée de structure globale à celle de division, voire d'atomisation de la personnalité. Max Wertheimer, qui fonda la *Gestaltheorie* avec Koffka et Kôhler, fait observer que des tons identiques n'ont pas la même résonance dans Liszt et dans Wagner. Un grand nombre des idées d'Adler touchant à la famille, à la pédagogie, à la rivalité des sexes, à la maladie mentale ont si bien imprégné la pensée contemporaine qu'elles semblent aujourd'hui banales. Certaines étaient novatrices à son époque. D'autres méritaient d'être rappelées :

> « *Il est regrettable,* écrit-il à propos de la "possession" et de "l'usage", *et cela témoigne de l'entrée triomphale des ignorants dans le domaine de la psychologie, qu'il faille encore énoncer une vérité de La Palice.* » (S.V., p. 128)

Dans le domaine de la psychothérapie, un certain nombre d'écoles se sont détachées du tronc freudien, formant ce groupe d'appartenance qu'on a pris l'habitude d'appeler la « psychologie humaniste ». Les théories et les pratiques humanistes, qui se sont largement développées en Californie avant d'apparaître en France à partir des années 1960, ont pris des formes diverses *(rebirth,* cri primal, bio-énergie, analyse reichienne, analyse transactionnelle...). Ces écoles ont pour point commun de préférer travailler dans la *réparation* plutôt que dans la *frustration*. Il semble que ce courant permette des cures moins longues et tout aussi efficaces que la psychanalyse. C'était déjà l'option adlérienne.

> Paul Plokkte, qui a écrit l'avant-propos de la deuxième édition française du *Tempérament nerveux,* témoigne que, « *d'une façon générale, il n'y a pas de sphère de l'activité sociale où l'adlérisme ne puisse apporter des points de vue féconds. Souvent, les idées du maître de Vienne se sont intégrées d'une façon indirecte dans la pensée contemporaine* ». (T.N., p. 9)

Lors d'une réédition du *Tempérament nerveux,* Adler s'interrogeait dans son avant-propos, sur l'avenir de sa propre théorie (T.N., p. 10) :

> « *Disparu depuis des années du marché, cet ouvrage revient maintenant sous sa première forme, comme pour demander à la science si j'ai prévu à peu près correctement l'avenir de la recherche médicale... La psychologie individuelle n'est pas une science dérivée ; elle est tellement loin des psychologies superficielles dites « psychologies des profondeurs » qu'elle ne peut sur aucun point renoncer à sa position indépendante. Ce que d'autres écoles psychologiques lui ont emprunté – avec gratitude ou avec un silence ingrat –, la réimpression de ce volume en apportera les preuves au lecteur impartial.* »

Bibliographie

D'Alfred Adler

– *L'enfant difficile,* Payot, 1949 ; Payot et Rivages, 2006.
– *Pratique et théorie de la psychologie individuelle comparée,* Payot, 1961.
– *Le sens de la Vie,* Payot, 1963 ; 2002.
– *Connaissance de l'Homme,* Payot, 1966 ; 2004.
– *Le tempérament nerveux,* Payot, 1992.

Sur Alfred Adler

Chaillet Denise, *Les rêves, Adler aujourd'hui ou le lion couronné de Venise,* Édition des écrivains, 2003.
Clifford Allen, *Les découvertes modernes de la psychiatrie,* Payot, 1951.
De Bony Marine, *La psychologie socio-personnelle d'Alfred Adler,* Société Paquereau, 1993 ; L'Harmattan, 2011
Dreikurs Rudolf :
    – *La psychologie adlérienne,* Bloud & Gay, 1971.
    – *Le défi de l'enfant,* Laffont, 1972.
Farau et Schaffer H., *La psychologie des profondeurs des origines à nos jours,* Payot, 1960.
Ganz Madelaine, *La psychologie d'Alfred Adler et le développement de l'enfant,* Delachaux et Niestlé, 1935.
Mormin Georges et Viguier Régis,
    – *Adler et l'adlérisme*, Puf, 1990. (indisponible)
    – *La théorie analytique adlérienne,* Masson, 1993.
Nadaud Lionel,
    – *Actualité de la pensée d'Alfred Adler,* Thèse de doctorat, Paris V, juin 1990.
    – *Alfred Adler, des sources au rejaillissement de la psychologie individuelle,* Érès, 1994.
Orgler Hertha :
    – *Alfred Adler et son œuvre,* Stock, 1968.
    – *Ce qu'Adler a vraiment dit,* Marabout Université, 1974.
Schaffer Herbert, *La psychologie d'Adler*, Masson, 1976. (indisponible)
Sperber Manès, *Alfred Adler et la psychologie individuelle,* Gallimard, 1972 ; Classiques Garnier, 2021

Spiel Oscar, *La doctrine d'Alfred Adler dans ses applications à l'éducation scolaire,* Payot, 1954.

Way Lewis, *Comprendre Alfred Adler,* Privat, 1972.

Autres ouvrages

Balint Michel, *Techniques psycho-thérapeutiques en médecine*, Payot, 1976.

Belotti Elena Gianini, *Du côté des petites filles*, Éditions des femmes, 1976.

Lesage De La Haye Jacques, *La courbe de Chesnut Lodge*, Atelier Création Libertaire, 2013.

Rogers Carl Ransom, *Le développement de la personne*, Intereditions, 2005.

À consulter

– Société Française de Psychologie Individuelle *http://perso. wanadoo. fr/ adler- 75*

– Société Française de Psychologie Adlérienne : *www.psy-adler.net/liens. php*

– François Compan, théorie : *www.adler-sfpi.net* (indisponible) pratique : *www. adler.netl.fr* (indisponible)

– S. Laurent SFPI *http://ourworldcompuserve.com/homepages/hstein*

– Institut de Psychologie Individuelle de New York : *www.alfredadler-ny.org*

– Institut Alfred Adler Ontario : *www.adlerontario.com*

– Institut Alfred Adler de C.B : *www.adler.edu*

– Adler school of psychology : *www.adler.edu* (indisponible)

– Institut Alfred Adler de Zurich : *www.alfredadler.ch* (indisponible)

– Institut Alfred Adler de Munich : *www.adlerinstitut-munchen.de* (indisponible)

– Societa Adleriana Italiana gruppi e analisi : *www.saiga.it*

– Istituto di Psychologia Individuale Alfred Adler : *www.istitutoadler.it*

Chez le même éditeur

Les courants de la psychologie
Michel Richard

352 p.
L'essentiel

Qui sont Freud, Watson, Pavlov, Reich, Piaget, Klein, Lacan, Brentano, Janet, Lowen, Perls, etc. ? Qu'ont-ils inventé ? Que veulent dire bioénergie, psychanalyse, cri primal, Gestalttheorie, béhaviorisme, réflexologie, psychologie génétique, caractérologie, Dasein-analyse, cognitivisme, etc. ?

Ces noms et ces mots expriment la montée d'une «culture psychologique» dans nos sociétés.

Rares sont aujourd'hui les personnes, les groupes, les institutions, les valeurs qui ne sont pas concernés par la psychologie. Comment se repérer dans ce foisonnement ? Comment savoir si le «psy» que vous allez consulter appartient à tel courant ? Ce livre fait le point sur la diversité des théories de la psychologie depuis ses origines au XIXe siècle jusqu'aux nouvelles thérapies d'aujourd'hui.

Ce livre est un guide précieux car il lui permet de s'informer, de connaître les principes qui fondent les grands courants psychologiques. Il sera utile aux travailleurs sociaux, aux enseignants, aux universitaires et à tous les praticiens de la psychologie qui ont à choisir des méthodes de travail qui reposent sur les découvertes actuelles de la psychologie.

Le grand public, trouvera des repères pour être conscient de ses choix, et ne pas se laisser abuser par de nombreux charlatans.

Cet ouvrage invite au voyage à l'intérieur de la psychologie moderne, véritable labyrinthe d'un savoir qui donne des clefs pour ouvrir cette énigme qu'est le psychisme de l'homme.

Psychologie humaniste
Benoît Fromage

240 p.
Synthèse

La notion de personne codifie l'humain dans l'imaginaire collectif. La personne est appréhendée comme un équivalent de « être humain ». Sans doute pour cela nous y sommes tant attachés au point qu'elle est la base intangible de notre société occidentale un peu comme si cette référence constituait un ultime rempart contre l'inhumain. Pourtant si on essaye de cerner cette notion de personne, on constate rapidement qu'il n'existe aucune définition sans que cela n'entache le consensus à son égard ou ne fasse débat.

La première et la deuxième parties du présent ouvrage ont pour vocation de réaffirmer non seulement des valeurs communes attachées à la personne et plus loin à notre humanité partagée mais aussi d'établir les lignes de force d'une véritable pratique psychologique à l'intérieur d'un courant théorique qui est la psychologie humaniste. Le défi est de pouvoir rendre compte de ces notions, aussi compliquées que stimulantes, que sont la complexité, l'autodétermination, l'adaptation, la prise de conscience, la liberté... La troisième partie expose cinq méthodologies qui appliquent chacune à leur manière les prérequis de la psychologie humaniste centrée sur la personne et son expérience subjective.

Derrière la question « qu'est-ce qu'une personne ? » s'en dessine une autre « qu'est-ce qu'un être humain ? » à une époque où se profile l'apparition réelle de sosies « plus vrais que nature » et surtout plus performants. Les créations technoscientifiques actuelles, dont un développement sans précédent est prévu à court terme, ne peuvent plus être considérées comme relevant d'une imposture mais comme d'un surpassement du créateur par sa créature. Cette possible confusion dans un avenir très proche pose évidemment la question des frontières ou, ramené au propos de cet ouvrage, la question de la personne.

Chez le même éditeur

Introduction à la psychanalyse de Freud
Michel Dethy

152 p.
L'essentiel

La psychanalyse se débat aujourd'hui en place publique. Elle est totalement assimilée dans notre culture, au point qu'elle a perdu la fraîcheur de ses origines.
Ce livre introduit la psychanalyse très simplement, avec clarté, sans utiliser la langue de bois. L'ambition de cet ouvrage n'est pas de révolutionner ou d'innover, mais plutôt de faire retour aux sources. Mais peut être est-ce une innovation que parler clairement.
Cette introduction intéresse celles et ceux qui désirent s'engager dans une analyse personnelle, ainsi que les étudiants en sciences sociales, humaines, médicales, paramédicales, les éducateurs, sans oublier ceux que la démarche psychanalytique préoccupe. L'ouvrage sera tout aussi profitable aux futurs analystes ou thérapeutes qui retrouveront dans ces pages la virginité de la découverte ; en effet, si les concepts freudiens et lacaniens fondamentaux y sont abordés, c'est toujours à partir d'une expérience vécue : l'analyse de Pierre.

Introduction à la psychanalyse de Lacan
Michel Dethy

152 p.
L'essentiel

Lacan est une des plus grandes figures de la psychanalyse moderne, aimé passionnément jusqu'à la démesure, il est aussi haï avec véhémence par ses détracteurs.
Jacques Lacan fut un être hors du commun plein de génie et de folie. Entrer dans son texte, dans sa pensée est une aventure d'un enrichissement incomparable où se côtoient une vision rigoureuse de la théorie freudienne et un questionnement personnel neuf et bouleversant.
Ce livre nous présente le principal de l'apport lacanien, sans omettre le contexte, sans éviter de parler du personnage qu'il fut et des passions qu'il souleva.
Ainsi, la durée d'une analyse, le stade du miroir, le réel, le symbolique, l'imaginaire, la résistance, le transfert, le narcissisme, le désir, l'amour, la haine, la castration, la forclusion, le «nom-du-père», entre autres concepts, vous apparaîtront en toute clarté.
Cet ouvrage est le fil d'Ariane qui permettra à ceux qui veulent enfin comprendre le phénomène Lacan, de trouver leur chemin dans son labyrinthe.
L'originalité de ce livre est d'être écrit avec le cœur dans un style direct et agréable, tour à tour didactique et synthétique, mordant et passionné.
L'auteur nous fait partager son plaisir à suivre Lacan dans l'aventure de la découverte de l'homme.

Chez le même éditeur

Dire non par amour - Travail de parents
Approche psychanalytique de l'éducation à la portée de tous

Christian Gauffier

132 p.
L'essentiel

Dans un contexte multiculturel et sur fond de crise sociale, économique, politique, éduquer des enfants est une tâche difficile et parfois une gageure, car les aides institutionnelles sont extrêmement limitées tout comme le sont les moyens de l'Éducation nationale, qui ni ne peut, ni ne doit se substituer aux responsabilités parentales. Ce livre, tire son origine de l'intérêt des parents pour l'éducation de leurs enfants et notamment des difficultés qu'ils rencontrent quand il s'agit de poser des limites à leurs enfants. Les difficultés mises en débat sont le signe que les parents prennent à coeur l'éducation des enfants. Et peut-être aussi, de ce que le travail d'éducation et la responsabilité qui y est liée, comportent une dimension collective.

L'heure sociale n'est pas vraiment au respect de l'autre ou au respect de l'altérité et de la différence des places. Le travail de parent n'en est rendu que plus difficile. L'éducation se trouve à la source du respect de soi et de l'autre.

L'auteur dans cet ouvrage exprime ainsi son admiration : « Aux parents qui se battent, notamment dans le contexte actuel, pour tenir leur place de père ou de mère et qui espèrent pour leurs enfants un avenir plus clément. »

Ce que nous enseigne la dépression
Acte de résistance ?

Cristian Gauffier

132 p.
L'essentiel

La dépression constitue un sujet d'actualité, elle constitue même l'un des piliers de l'organisation de notre société, et ce à plus d'un titre. Elle a une fonction de masque et de dissimulation, mais aussi d'immobilisation des individus quand on les maintient enfermés dans une camisole chimique. Elle rapporte beaucoup d'argent et peut constituer une rente de situation pour certains soignants et les laboratoires pharmaceutiques.

Les personnes qui se retrouvent dans cette situation sont marquées, temporairement ou non, du sceau de la fragilité, voire d'une forme d'inadaptation au monde moderne. Une personne dépressive ne va pas provoquer de désordre ou manifester dans la rue. Ou alors exceptionnellement dans un geste désespéré.

Ce sentiment d'inadaptation à notre modernité peut cependant sauver la vie à la personne dépressive, à condition qu'elle puisse découvrir ce qu'elle tente de dire à travers cette désolation. Que vient signifier la dépression dans le parcours de vie d'une personne ? Pourquoi se manifeste-t-elle maintenant et dans quel contexte ?

Être mal, dans un monde qui va mal, peut alors être entendu comme une forme de résistance, une demande à vivre autrement.

Chez le même éditeur

Éviter le crash du burn-out
Vade-mecum de prévention

Michel Libert

108 p.
L'essentiel

Les publications sur le burn-out ne manquent pas, mais plus rares sont les réflexions et les témoignages qui en abordent la prévention dans ses aspects organisationnels autant qu'individuels.

Faut-il attendre la chute, le « crash », et son cortège de vécus douloureux pour que s'opère une réflexion ? Et que se prépare un changement ?

Confrontés à des émotions débordantes, des injustices flagrantes, un sentiment de harcèlement, la perte de confiance en soi, que mettre en oeuvre pour ne pas se brûler ? Ces situations, de nombreux travailleurs, mais aussi des managers, y sont confrontés quotidiennement : ils sont cependant incapables d'y faire face tant il n'est pas facile de s'octroyer le recul nécessaire et d'y voir clair sur sa place dans un système, garder sa motivation et (re)trouver du sens à ce que l'on fait.

C'est dans la réduction du décalage qui existe entre le travail lui-même, si important et envahissant dans nos existences, et le contexte dans lequel il s'exerce, que réside une des principales pistes pour maîtriser le fléau du burn-out.

Une analyse des caractéristiques environnementales et individuelles responsables des souffrances au travail est essentielle pour reconnaître et vaincre cet ennemi sournois des individus et des entreprises. Illustré de témoignages vécus, cet ouvrage se lit facilement et propose à un large public la compréhension des manifestations de cette « surchauffe », les mécanismes qui la favorisent autant que les ressources et les moyens à mettre en oeuvre pour ne pas en arriver là.

L'épuisement professionnel
Chronique d'un effondrement

Didier Robert

96 p.
L'essentiel

Lorsque l'épuisement touche l'auteur, il ignore tout du phénomène dont il est victime. Le nom même de burn out lui est presque inconnu. Commence alors un voyage aux limites de soi.

Le récit détaille un processus physique et psychique difficile où les prises de conscience sont parfois douloureuses.

Le lecteur trouvera dans la force du récit une expérience incarnée et les étapes-clés d'un processus de progression à travers l'épreuve.

Chez le même éditeur

Quand la poésie s'invite chez la psy
Aude Picout

108 p.
L'essentiel

Psychologue clinicienne en cabinet libéral, Aude Picout travaille avec des patients rencontrant des problématiques diverses et variées, certains d'entre eux portent de lourds traumatismes.

Toutes leurs histoires de vie l'inspirent et lui ont donné l'envie de les écrire : des textes sous forme de rimes, pour apporter un peu de poésie, de légèreté, aux récits parfois très sombres.

Une autre façon de mettre en mots les maux des patients, d'apporter un peu de lumière dans leur zone d'ombre.

Loin des « dictionnaires » de la psychologie, celui-ci a pour vocation de permettre au lecteur d'entrer dans l'univers intimiste d'un cabinet psy pour y lire certes la souffrance de certains mais aussi et surtout la résilience pour beaucoup d'entre eux. « Tout ce qui ne nous tue pas nous rend plus forts. »

Ce recueil peut également être un outil de travail pour des professionnels du secteur médico-social ou éducatif.

« L'auteure nous offre une suite de portraits intimes, tous aussi vivants que touchants. C'est comme autant de petits poèmes qu'elle aurait ciselées avec application, pour les dédier à ses patients en remerciement de leur confiance. De plus, en jargon "psy", on est tenté de dire qu'en faisant oeuvre utile à propos de ce dont ils ont souffert, elle leur fait cadeau d'un travail de résilience par procuration. »

Le temps du lâcher-prise
Phillipe Lefèvre

48 p.
L'essentiel

Notre civilisation est très empreinte de contrôle et de domination. Comment, dans un tel contexte, laisser de la place au lâcher-prise ?

Il y a de moins en moins de place, dans notre vie quotidienne, pour les temps de respiration, les silences, le lâcher-prise.

Dans notre vie, nous avons besoin de temps de respiration, où nous ne sommes plus dans le « faire » ou « l'avoir », qui nous permettent d'intégrer tous les moments vécus, afin de mieux percevoir qui nous sommes.

Ce sont surtout des moments forts, à vivre en toute conscience, qui permettent de donner du sens à notre vie, de voir le chemin parcouru et d'intégrer tout ce que nous avons vécu, nous construisant dans une identité unique et évolutive.

Cet ouvrage fournit des repères pour mieux vivre ces moments, les enrichir.

---

www.chroniquesociale.com
Chronique sociale éditions - @cseditions